真正的美人，
都是由学识、才情浸润出来的。

岁月不惊不扰，时间不急不缓，
过自己想要的人生，爱自己想爱的人，
时光会把你推向你想去的地方。

婚姻不是围城，也不是坟墓，
真正困住我们的，是自己的心。

我们的一生不只是观光，更是跋山涉水、翻山越岭。
爱过痛过之后，才懂得原来所有的时光都与一个人有交集，
所有的痛苦与磨难都与一个人有关。

这世间最美的，莫过于一生一代一双人。
简简单单，平平凡凡，一花一草，一粥一饭，
看似平淡却是最幸福的日子。

人生苦短，

珍惜当下，方能无伤无惧。

我们不能改变苦难，唯一能改变的是自己。
你可以在逆境中成长，也可以在逆境中堕落，
但唯有成长才能收获。

这世上，许多女子都逃不过情，逃不过悲欢离合、缘聚缘散。

当一切尘归尘，土归土，

她们才能活得自在旷达，活出一份恬淡安然。

一半是绚烂 一半是素雅

A BIOGRAPHY OF
LU XIAOMAN

陆小曼传

林希美 著

江苏凤凰文艺出版社
JIANGSU PHOENIX LITERATURE AND ART PUBLISHING, LTD

图书在版编目（CIP）数据

一半是绚烂，一半是素雅：陆小曼传 / 林希美著.
— 南京：江苏凤凰文艺出版社，2020.5
ISBN 978-7-5594-4462-2

Ⅰ. ①一… Ⅱ. ①林… Ⅲ. ①陆小曼（1903-1965）
—传记 Ⅳ. ①K825.6

中国版本图书馆CIP数据核字（2019）第295404号

一半是绚烂，一半是素雅：陆小曼传

林希美　著

出 版 人　张在健
责任编辑　李龙姣　张　倩
营销编辑　曹树欢
装帧设计　一九八四
内文排版　麦莫瑞
出版发行　江苏凤凰文艺出版社
　　　　　南京市中央路165号，邮编：210009
网　　址　http://www.jswenyi.com
印　　刷　天津旭丰源印刷有限公司
开　　本　880毫米×1230毫米　1/32
印　　张　8.25
字　　数　150千字
版　　次　2020年5月第1版　2020年5月第1次印刷
书　　号　ISBN 978-7-5594-4462-2
定　　价　46.00 元

其实，我不羡富贵，也不慕荣华，我只要一个安乐的家庭、如心的伴侣，谁知连这一点要求都不能得到，只落得终日里孤单的，有话都没有人能讲，每天只是强自欢笑地在人群里混。

——陆小曼

我决心做人，我决心做一点认真的事业，虽然我头顶只见乌云，地下满是黑影，可是我还记得你常说“受苦的人没有悲观的权利”。

——陆小曼

序 开到荼蘼花事了

人生总是遗憾太多、欢愉太少，为了换取快乐，有人散尽千金也毫不吝惜。也有人觉得，世事飘忽不定，万千繁华终如过眼云烟，不如平平淡淡过一生，因为平淡中才有真味。毕竟，人生快意短如一瞬，为了片刻之欢而付出太大代价，不值得。

但究竟值不值得，只有尝过的人说了才算。

在民国时期，有一位女子特立独行、勇敢、纯粹、天真，活得尽情尽兴、义无反顾，为了快乐，甘愿放弃一切。

她说："人生苦短，不用太认真，要及时行乐。"

基于这一准则，她做事随心所欲，永远只考虑当下。她出身名门，自小接受良好的教育，擅丹青、懂诗书、通琴棋、学中西……后来，她听从父母之命、媒妁之言，嫁给青年才俊王赓，本来未来的生活前景一片光明。可这样的生活，只有荣华富贵，没有关心和陪伴，她只能独自品尝着孤独和空虚。直到遇见徐志摩给予的甜蜜爱情，她才感受到什么叫快乐，因而坚决与王赓离婚，哪怕被千夫指，她也毫不在乎，只为成全自己的爱情。

再嫁后，她依旧我行我素。尽管徐志摩收入不菲，但依然维持不了家庭生活。她为了保证自己富贵太太的做派，为了一条帕子、一双鞋子、一篮水果，迫使徐志摩不得不疲于奔命。

爱情在此时发生转折。徐志摩待她再不能如初。他不是不爱她，只是因为忙于生计荒废了学问，沦为金钱的奴隶。他需要她的抚慰、她的陪伴、她的体谅。可她，依旧忙于交际，对于徐志摩在金钱上无法满足她的需求，她深感痛苦。徐志摩的苦苦相劝，她都置若罔闻，甚至怀疑他们之间的爱情不复存在，她爱的男人也已消失。

她只要求男人宠爱自己，却从不考虑感情是对等的。

他们开始吵架，直到那天徐志摩踏上飞机，因飞机失事而丧命，她才明白，他永远地离开了她。

此后，她再一次任性起来——不再做“名媛”，而是整日素衣，只为祭奠失去的爱情。她终生不能忘记他，在怀念他的时光中慢慢成长，凤凰涅槃，看透人生。

她的一生是个传奇，风光过、爱过、痛过、恨过……直到晚年，才活出了本真的自我。这不是姿色之美，而是生命之美。

当时的人都夸她长得美。要问她美在何处，千言万语也无法道尽。

如果简单来说，她美在眼，细细的眉毛衬出一双媚眼，媚中带着清秀与书卷气；她美在嘴，微微上弯似月牙，似在诵读诗句；她美在身，娇小玲珑，举手投足尽显风情；她美在才华，提笔便能写诗作画；她美在倔强，总带着一股不服输的精神；她美在真，为了爱情，敢冒天下之大不韪……

世人独爱她的容颜，她却更想奏出生命的精彩乐章。

她应该是光鲜的、靓丽的、幸福的，但她倾尽一生，似乎只是为了与时光对抗。当她放下繁华、名利、家族、爱情，她才终于活出了真实的自己。那时，她只不过是一位平凡的女子，如你，如我。那时，她或许才懂得“及时行乐”的真正意味。

她整日深居简出，宅在家中作画，与义女为伴。她似乎忘记了自己是谁，但外面的人无法忘记她，至今仍流传着她的故事。

她的名字，叫陆小曼。

目录 Contents

Chapter 01

一朵桃花，误入人间

陆家迎来“小观音” ...002

从小就活得像个女王 ...008

社交界最出名的“北陆” ...015

情窦不开，才信媒妁之言 ...021

Chapter 02

你是我躲不掉的桃花劫

多情与寂寞相恋 ...030

痴情人对情痴 ...037

美好爱情的背后都是伤痛 ...045

相思，是爱情最好的修行 ...053

Chapter 03
背负所有，都是为了爱情

别离，是检验真爱的一种方式 ...060
爱和孝不能两全 ...067
遇见徐志摩，或许是一场美丽的错误 ...074
为爱，尽力了就好 ...081

Chapter 04
历尽万劫，终结连理

终于在一起 ...092
再美好的爱情，也抵不住相守 ...100
依旧纸醉金迷 ...107
爱情病了 ...116

目录

Contents

Chapter 05

生活，是别离的笙箫

灵魂与灵魂再也不能碰撞 ...124

婚姻中，爱情的分量变轻 ...131

总要有个人挑起生活的重担 ...138

失落让他想起了林徽因 ...149

Chapter 06

说好的一辈子，却提前大半生结束

徐志摩走了 ...158

失去才能懂得珍惜的意义 ...166

人生无法回头 ...175

请你的灵魂回来看看我 ...179

Chapter 07
唯有绝境，才能重生

纵被千夫指，也不必解释 ...188
每个女子，都要立志做点事 ...196
不怕向生活低头 ...204
死都不怕，那还怕什么 ...212

Chapter 08
平平淡淡是人生

经历不会在心上刻下皱纹 ...220
相信命运的安排，它会给你最好的 ...226
谁说女人怕时间 ...232
用笑容迎接生命的归宿 ...239

附录　陆小曼生平大事记 ...247

Chapter 01

一朵桃花，误入人间

陆小曼的童年生活是枯燥的，终日与书本笔墨为伴，可这段经历让她的人生更加丰富充实。她这颗孱弱的小种子已根植于地下，正在发芽，等着未来能够开出娇艳的花。可是她并不知，一刹那盛放的美丽过后却是生命的凋零。不过，万物轮回，春风吹又生，谁敢说这不是一种新的成长呢?

陆家迎来“小观音”

每个人来到世界上，都有他的命数。有人成就一番事业，有人绽放生命，还有人历经情劫。茫茫人海，人来人往，可偏偏就遇见了你，爱上了你，谁能说这不是一场情缘？

命数既定，便万般不由人。“情”，这个极美的字，让多少人误了一生，又幸福了一生。

敢问，情为何物？是朵朵桃花香，是阵阵清风凉，是滴滴相思泪。

陆小曼便是一朵有情的桃花，因爱绽放，为爱凋落。

陆小曼既能沉醉于风花雪月、纸醉金迷，也能整日吟诗作对、清心寡欲。徐志摩曾说：“案上插了一枝花便不寂寞，最宜人是月移花影上纱窗。”

陆小曼就是徐志摩案头最爱的花。她来度他，成为他的情劫，却不承想，他也成了她的情劫。

这世上，许多女子都逃不过情，逃不过悲欢离合、缘聚缘散。当一切尘归尘，土归土，她们才能活得自在旷达，活出一份恬淡安然。

1903年11月7日，上海孔家弄的陆家，迎来了家中第九个孩子。这一天是农历九月十九，是观音菩萨出家成道日，而这个孩子正巧是一个女婴，得菩萨庇佑，活了下来。所以，她有一个小名，叫“小观音”。

她还有一个乳名，叫“小眉”，正名是陆小曼。

之所以说她得菩萨庇佑活下来，是因为陆小曼前后有八个兄弟姐妹，全部夭折，只有她得以幸存，其“幸运”可想而知。

说起陆家，堪称名门望族。

从《樟村陆氏宗谱》中可以得知，陆家已传承八十余代，从汉朝开国功臣陆贾到唐朝名相陆贽，再到宋朝著名文臣陆游和陆秀夫，无一不是声名显赫之士。

到了民国时期，陆家地位名气虽大不如前，但陆小曼的祖父陆荣昌来头依旧不小。他是晚清时的朝议大夫，曾得北洋政府总统黎元洪亲笔题写匾额“饥溺为怀”，意为有大慈悲心之人。一直到他去世后十年，清誉犹在，足见他在百姓心目中的地位。

陆荣昌是樟村陆氏北园村派第七十八代子孙，《樟村陆氏宗谱》中写道："荣昌，行二，字致和，朝议大夫，钦加运同衔赏戴花翎，候选同知，国学生。"

陆荣昌育有三子，第三子便是陆小曼的父亲陆定。

陆定，原名陆子福，江苏常州人，是中华储蓄银行的主要创办人。他沉默寡言、敦厚老实，读书甚好，不费吹灰之力便考中举人。之后去日本早稻田大学留学，加入孙中山同盟会，回国后加入国民党，担任过财政部司长和赋税司长。

陆小曼的母亲吴曼华也是常州人氏，小名梅寿。她会古文，擅丹青，是白马三司徒巷吴氏中丞第吴耔禾之长女，祖上吴光悦做过清代江西巡抚。吴曼华是名门闺秀，也是一代才女，其才学不亚于陆定。清末有一段时间，陆定担任贝子贝勒学校的老师，教导工作完毕后，常将皇家子孙的作业带回家，批改作业的任务便落到了吴曼华的头上，可见吴曼华的文化功底有多扎实。

陆小曼出生在这样的家庭，且是家中独女，自然集万般宠爱于一身。她自幼娇弱，几乎"没有小半天完全舒服"，父母对她的养育可谓煞费苦心。

一个人出身再好，如果不学无术，也只是"纨绔子弟"。多少名门之后因不思进取而荒废一生，最终让家族败落。

陆小曼虽出身名门，在生活上备受宠爱，可在学习上却吃尽苦头。

对于陆家这一独苗，父母不希望陆小曼变成一个娇生惯养的大小姐，而想把她培养成才华横溢、博学多才、能诗会画的淑女。为了女儿的未来，陆母拉着瘦弱的陆小曼，将其送去学习丹青笔墨、古文诗书。

不过，陆小曼生命中的第一位老师，是她的母亲吴曼华。

吴曼华温柔娴静，不喜抛头露面，生下陆小曼后，更是将全部精力放到了教育女儿上。她的教育十分严苛，以贵妇、名媛、闺秀作为培养标准，使得陆小曼不敢松懈半分。她教陆小曼礼义廉耻、三纲五常，也教她待人礼仪，培养她淑女风范，还教她琴棋书画、音律歌舞。

陆小曼不似吴曼华这般安静。她生性好动活泼，性子也不稳重，学东西总是沉不下心来。吴曼华对女儿再严苛也未免心疼，担心她体力承受不住，有时也难免允许她玩乐。不过，陆定对陆小曼的要求比吴曼华还严格，恨不得她整日啃读课本。

陆家迁居北京后，陆小曼在北京女中读书。与之前学习琴棋书画、音律歌舞相比，她不喜欢规规矩矩啃课本，有时还不能按时完成老师布置的作业。陆定见她乖张叛逆，一气之下狠狠地打了她，她这才收了心。

人们常说“严师出高徒”，事实上，严父也出才女。

在生活上，她是千金小姐；在学业上，她是用功的学生。正是这样的成长环境，才培养出了陆小曼这样的名媛。

陆小曼成名后，有人评价说：“她的一举一动，一颦一笑，都别具风韵，说出来的话聪明又好听，到现在为止还没有再见到一个女人有如此干练的风情、才调。”

世上只有一个陆小曼，世人无法超越，可是总有人渴望像陆小曼一样曼妙多姿、风情万种、才华横溢，成为一代女神。

于是，不少女子也穿上旗袍，涂上口红，戴上珍珠，效仿陆小曼的穿着打扮。她们以为这样就能活出一番别样的风情。可是，她们学走了样，女神从来不是靠抛媚眼展示魅力，也不是靠穿华服、挎名包等外在之物来修饰自己，而是集才华、气质于一身，才有了举手投足间的优雅。

可惜，大多数人既没有陆小曼的出身，又不肯用功学习，所以往往一事无成。

因此，一个女性不管出身如何、年龄几何，以高标准来要求自己总不会有错。想要成为谁，就学习她身上的品质，向她看齐。

陆小曼的童年生活是枯燥的，终日与书本笔墨为伴，可这段经历让她的人生更加丰富充实。她这颗孱弱的小种子已根植于地下，正在发芽，等着未来能够开出娇艳的花。可是她并不知，一刹那盛放的美丽过后却是生命的凋零。不过，万物轮回，春风吹又生，谁敢说这不是一种新的成长呢？

从小就活得像个女王

民国女子张幼仪晚年时说过："在中国，女人家是一文不值的。她出生以后，得听父亲的话；结婚以后，得服从丈夫；守寡以后，又得顺着儿子。你瞧，女人就是不值钱。"

张幼仪是传统女性的代表，陆小曼则是自由的新式女性的代表。两个女性，两种不同的人生，一位先苦后甜，一位先甜后苦；一位在旧传统里慢慢觉醒，活出一段新的人生；一位在新式思想里慢慢回归，让灵魂归于平静。

女人如花，不同的女人，花期不同，收获的果实也不相同。有些女人经历坎坷磨难后才会绽放，有些女人则早早便已绽放，余生尽是收获。

陆家是名门望族，交往的自然都是达官贵人、军政要员。

陆小曼习惯了接触这些人物，自身也便养成了落落大方的仪态和笃定自信的气质。女儿出众的表现，令陆定颇为得意，对她的期望又高了几分。她必须是上流社会的千金小姐，必须受万人追捧，成为一代才女、一代名媛。

陆小曼上过幼稚园，在那里接受了怎样的教育不得而知。1909年，也就是她六岁那年，全家从上海迁居北京，她才开始接受正式的学堂教育，结束了幼稚园学习生涯。

北京，是一座古老的城市。民国初年，这里风起云涌。那些三从四德、三纲五常、礼义廉耻的旧思想，正在被新式思想替代。人们开始追求自由、解放女性，掀起一场灵魂革命。

陆小曼初来乍到，对北京的印象颇佳。她喜欢古朴的城墙，喜欢幽深的胡同，喜欢北方磅礴的气象。它不似上海那般灯红酒绿、浓妆艳抹，而是古老沉稳、厚重大气。这两座城市的性格、气质，后来在陆小曼的身上得到了集中体现——既有大上海的风情万种、妖娆多姿，又有北京的坦荡热情、勇敢决绝。

她自幼学习三纲五常、三从四德，但这些封建礼教的旧思想并未对她产生多大影响。她不肯委屈自己，更不愿违背本心。青春、金钱、时光、爱情，只要她愿意，皆可尽情挥霍。她有挥霍的资本，有挥霍的能力，这除了与优渥的家境有关，也离不开她自在的成长。

七岁，陆小曼进入北京女子师范大学附属小学读书，小学毕业后就进入了北京女中。

北京女中成立于1912年，自创建之初便开设了国文、日文、英文、数学、物理、化学、体操、生物、劳动、图画、音乐、修身、历史、地理、国术等课程。这些课程中西结合，难度不小，让她不敢有丝毫的懈怠。在这样的教育环境中，陆小曼逐渐大开眼界。

对于陆小曼的教育，陆定并没有就此满足。在她十五岁那年，陆定又花重金将她送进法国教会学校圣心学堂。

圣心学堂是一所由基督教教会创办的女子学校，由法国人创建，专门为居住在中国的外国子弟而开办。这里有严格的入学标准，只有少数拥有一定特权的中国人才能进入此学堂。这所学校教规严格，既要学习英文，又要学习现代体育课程。入学后，每位学生都要为自己取一个英文名字，平时交流使用英文，言谈举止也要符合社交礼仪标准。

陆小曼在这里学习了英文、钢琴、油画和法文。她成绩优异，招人喜欢，凭借早期的绘画功底，学习油画更是得心应手。国画注重神韵、线条和留白，油画注重形似、色块的表现。陆小曼在绘画技法和风格上不拘泥于东方或西方，而是将两者融合，画出了属于自己的特色和风格。一位来圣心学堂参观的外国人见到陆小曼的山水画作，愿意支付两百法郎，资助圣心学堂办学。

一个人的成就高低，可以从她曾经的付出中窥见；一个人的品行好坏，可以从她身边的朋友身上得知。

这里全是绅士闺秀、佳人才子，让陆小曼汲取了不少营养。不仅如此，在众多品学兼优的学生中，唯独陆小曼艳压群芳，独占花魁，成为学校的“皇后”。

陆小曼苦读的那段日子，每次回到家也不肯休息，或者画上几笔，或者弹奏曲子，或者朗诵诗歌，或者跳上一段探戈。

十几岁的陆小曼，已擅长绘画，通晓英、法两国语言，能朗诵，会演戏，还能写得一手漂亮的蝇头小楷，弹得一手流利的钢琴曲。陆小曼所到之处，常有追随者，有时竟多达数十人。他们或为她拎包，或为她开路，或为她持衣，而她则神采飞扬、顾盼生辉，俨然一副大小姐的气派。

陆小曼个子不高，却婀娜动人。即使不施粉黛，不着华服，她也能夺人心魄，令众人倾倒。后来徐志摩对她说：“我爱你朴素，不爱你奢华，你穿上一件蓝布袍，你的眉目间就有一种特异的光彩，我看了心里就觉着不可名状的欢喜。朴素是真的高贵，你穿戴齐整的时候当然是好看，但那好看是寻常的，人人都认得的，素服时的美，有我独到的领略。”

不仅徐志摩这样说，陆小曼的干女儿何灵琰也曾说：

有人说陆小曼实在算不得美人，年轻时清清瘦瘦，中年牙齿掉了也不去镶，十分憔悴，但是在记忆中，干娘是我这半生见过的女人中最美的一个。……别有一种林下风致，淡雅灵秀，若以花草拟之，便是空谷幽兰，正是一位绝世诗人心目中的绝世佳人。

陆小曼生来就是绝代佳人。浓妆华服，媚似海棠，是她；淡妆素衣，天然雕饰，也是她。

平常女子套上华服，化上浓妆，穿上高跟鞋，站上舞台也能惊艳几分，但这并非真正惊艳，一旦她脱下水晶鞋，依旧是个灰姑娘；真正的公主，有无限才华与学问，有无数展现自己的机会，这让她们有了强大的自信，举手投足间也就有了真正的优雅。

真正的美人，都是由学识、才情浸润出来的。

幼时的陆小曼性子沉静稳重，曾凭借处变不惊的性格，救了父亲的命。

1913年11月4日，袁世凯下令解散国民党。陆定是国民党的官员，国民党解散后，他仍戴着国民党的党徽去上班。陆小曼看到后，嘱咐父亲放好证件和徽章，以免被别人抓住把柄。

陆定听了女儿的话，也认为该小心行事。事有凑巧，陆定当天就被警方带走问话，并搜身检查徽章。

警察搜寻无果，转而来到陆家。孩子向来不会撒谎，警察不问大人，偏偏盘问陆小曼："你爸爸的书信都放在什么地方？"

陆小曼从容不迫地回答："爸爸的书信公文都放在办公室呀。"

警察进而追问道："那私人信件呢？"

陆小曼回答说："你们翻出来的不都是吗？"

警察拿这个孩子无奈，只好放弃搜寻。因为没有找到证据，又有多人联名保释，陆定很快被释放回家。

那年的陆小曼不过十岁，却已展现出随机应变的灵气。所以，她后来成为外交界名媛一点也不意外。

人人都说陆小曼是名媛，可是，怎样才算是名媛？

作家程乃珊说："称为'名媛'，绝对讲究阶级、讲究出身。她们既有血统纯正的族谱，又有全面的后天中西文化调理；她们都持有著名女子学校的文凭，家庭的名师中既有前朝的遗老遗少、举人学士，也有举止优雅的英国或俄国没落贵族的夫人；她们讲英文，又读诗词；她们学舞蹈、钢琴，又习京昆山水画；她们动可以飞车、骑马、打网球、玩女子棒球，甚至开飞机，静可以舞文弄墨、弹琴。"

晚年的张幼仪美丽绽放，事业爱情双丰收，以逆袭的姿态活成了最坚强的样子。而此时的陆小曼即将绽放，她要开得轰轰烈烈，开得妩媚妖娆……

倘若将她成长的时间线拉长，等到晚年她才绽放，恐怕她无法将灵魂归于淡泊宁静，体会一段禅意人生。

岁月不惊不扰，时间不急不缓，过自己想要的人生，爱自己想爱的人，时光会把你推向你想去的地方。

社交界最出名的“北陆”

命运向来奇妙，看似毫无规律，却总能带来惊喜，于无规律中藏着某些固定的法则。腹有诗书气自华，读过的书，阅过的人，走过的路，会在某一个时刻突然发挥作用，命运的橄榄枝也随之抛来，原来所有的努力都没有白费。

上天向来只垂青于有准备的人，而圣心学堂的孩子们，正在勤奋学习，以迎接上天的垂青。

他们期望学有所成，有一番建树，也期望报效祖国，担起大任。学生时代的陆小曼，努力地吸收知识，尽情地发挥自己的天分。她对未来没什么规划，也不需要固定的舞台，她所到之处自然能受到万众瞩目。她的芳名早已远播，可是陆定仍不满足。在他看来，陆小曼需要更大、更广阔的空间，才能开阔眼界、增长见识，成为真正的社会名流。

当时圣心学堂需要挑出一名精通英文、法文的女孩参加接待外国使节的工作，陆小曼成了不二人选。一方面，陆小曼的优秀早已盛名在外，又能娴熟地运用英、法两种语言与人交流。另一方面，陆定要为女儿争取这个机会。在父母的支持下，陆小曼接受了这份工作，开始了她为期三年的外交翻译生涯。

那时的陆小曼虽未满二十岁，却开始尝试周旋于外交部的各个场合。她接待外宾，担任翻译，参加外交部举办的各种舞会。她进退自如，光芒四射，伴着灯影琴声，成为一道亮丽的风景线。

当时有文章这样写道：“陆小曼因精通英文、法文成为中国最早涉足外交领域的女性。她为中国外交第一人顾维钧做助手时不满十八岁，三年外交生涯中，不乏闪光之处，对国家尊严的维护，深得国内外友人的赞誉。顾维钧曾当着陆定的面，对一位朋友说：‘陆建三（陆定，字建三）的面孔一点也不聪明，可是他女儿陆小曼小姐却那样漂亮、聪明。’”

陆小曼不只聪明漂亮，还伶俐机智。有一次在外交工作中，她陪同法国霞飞将军检阅仪仗队，不承想队形凌乱，动作不一，霞飞将军检阅完后，对中国的练兵方式提出了质疑，陆小曼听完笑道："因为您是当今世界上有名的英雄，大家见到您不由得激动，所以动作无法整齐。"

霞飞将军听完欣然一笑，陆小曼在玩笑间不仅称赞了将军的显赫，又挽回了中国的面子。

她陪同外宾观看文艺表演，外国人抱怨节目糟糕，达不到演出水准。陆小曼听完十分生气，毫不客气地回敬道："这是我们国家特有的节目，只是你们看不懂而已。"

外宾吃瘪，只好耸耸肩对陆小曼一笑，知道自己说错了话。

陆小曼知道来者是客，理应款待，可是对于不善者，她便现出怒目金刚相。只有这样，才能让外宾知道中国不好惹。不好惹、高傲，是陆小曼；眼媚身柔、圆滑珠润、优雅端庄，也是陆小曼。在外交场合，她硬气、可攻可守、知进退、谈笑有度、做事有方；在社交场合，她衣袂飘飘、娇艳柔媚、风姿绰约。

当她还是一个十几岁的孩子时，便已赢得了鲜花、掌声、名誉。三年的外交生涯，让她声名大噪，成为一名真正的社交名媛。此后，她的日常生活不再是读书、画画那么单调，而是充满奢靡、浪漫。她似一个魔女，也像一朵罂粟花，所到之处夺人心魄，一颦一笑皆是迷人的风情。

不能怪她太过耀眼，谁让她太过优秀呢？她那么小，出身富贵，哪里懂得人间疾苦，钱为何物。

民国世界，风情万种。不仅陆小曼出尽风头，在大上海，还有一位这样的大家闺秀，叫唐瑛。两人一南一北，各领风骚，被称为“南唐北陆”。

唐瑛多才多艺，嗓音甜美，学过舞蹈、英文、戏曲。她穿着考究而前卫，一直引领上海滩的时尚风潮。

与唐瑛相比，陆小曼并不奢华，甚至朴素了很多。她流传下来的照片，大多简单干净，留一头柔顺的直发，弯眼微笑，清清爽爽。她并非高不可攀，但气质足够令人仰望。提起唐瑛，不能不提她的精致考究；提及陆小曼，不能不提她的琴棋书画。

每个女人都是一块天然璞玉，有人是白玉，有人是翡翠，还有人是玛瑙。材质不同，风采也不相同。廉价的玛瑙没必要活成昂贵的羊脂白玉、帝王翡翠，汉白玉也不用羡慕和田玉的出身。无论你是谁，好好打磨，精雕细琢，都能发挥价值，找到属于自己的天地。

1924年，印度诗人泰戈尔来华，北京文学界特意在协和医学院的礼堂为泰戈尔演出他的戏剧《齐德拉》。剧中，林徽因饰演女主角——公主齐德拉，徐志摩饰演爱神，而陆小曼则在礼堂门口发售演出说明书。

那时她并不知道，她与徐志摩日后会有一场浪漫的邂逅，也不知道他是唤醒她内心爱情的意中人。他们在人群中匆匆相视，又匆匆擦肩而过。他没有看到她的美，她也还没有领略他的才华。

此时，他的眼里只有林徽因，目光也只为她停留。

陆小曼也是美的。她站在门口，已是一幅天然画卷。有一个叫赵森的年轻人回忆说："在礼堂的外部，就数小曼一人最忙，进来一位递上一册说明书，同时收回一元大洋。看她手忙脚乱的情形，看她那瘦弱的身躯，苗条的腰肢，眉目若画，梳一丝不乱的时式头——彼时尚未剪发——斜插一枝鲜红的花，美艳的体态，轻嫩的喉咙，满面春风地招待来宾，那一种风雅宜人的样子，真无怪乎被称为第一美人。"

世人知道的陆小曼，住洋房，打牌跳舞，会客见友，唱戏喝酒，捧戏子，抽鸦片，却极少有人领略过她像个女学生一样清纯可人、出水芙蓉的一面。

每个女子都经历过这样一段时光：满面春风，回头微笑，头上插枝花，便可惊艳整个青春。只是，走着走着，我们就再不会笑了。人生有时候，就像陆小曼做外交工作时的一段经历，某个特殊的时刻，总有一种说不出来的落寞。

一次中外交流的宴会上，陆小曼与外宾正谈笑风生，突然听到"啪"的一声，在场所有人都被惊到，接着便是哄堂大笑。原来那声突然的爆响，是外国人为了取乐，用烟头点爆了中国孩子手里的气球。

孩子吓得哇哇大哭，大人却被逗得哈哈大笑。陆小曼看了很生气，拿起一支香烟，走到外国孩子身边，弯腰下去，也点爆了他们的气球，外国小孩子也被吓得哇哇大哭，但在场所有人，再也没有哄堂大笑。

尽管气氛尴尬，但陆小曼像一切从未发生过一样，回到友人身边，与他们继续聊天。

陆小曼虽然任性，却有足够的气场。

她的气场可以控制所有场面，可她没办法控制自己的人生。她是民国大红大紫的“北陆”，她曾经风光一时，也曾风靡半世，她在年轻时抓住机会，给了自己一段风光人生，活出了所有女人理想的样子，可是为什么爱情的命运，她没抓住呢？

或许，我们都应该明白，命运的引线一旦点燃，只能剩下一声叹息、一阵落寞，不管我们转身多么优雅，眼里都会噙着泪水。

情窦不开，才信媒妁之言

缘分天成，每个人都会经历一段或几段或对或错的缘分。对的人，即使历尽劫难也会走下去；错的人，纵然相爱也会分离。总有人问：情为何物？其实，遇到那个可以生死相随的人，便是遇到了情，这个问题也就有了答案。然而，与你有缘的人，未必是有情人，你们只是在人世间结一段尘缘，缘尽了，人也就散了。

流年平静，时光如梭，转眼陆小曼已长成亭亭玉立的少女。

她在外交界三年的锤炼，已使她声名鹊起，成为轰动京城的名媛。她是一代佳人，是一道不可不看的风景，她的美不仅深受中国人喜爱，同样得到了美国人的青睐。后来还有好莱坞电影公司给陆小曼抛来橄榄枝，希望她去美国拍电影。为了表达诚意，特意汇来近五千美元的定金，只是陆小曼不重视钱财，又不愿意为外国人拍戏，便婉拒了这个机会。

她不需要借助电影成为明星，因为她本身早已成为一颗耀眼的星。她生性张扬，走到哪里都要释放光芒，成为万众瞩目的焦点。她喜欢被追捧，被前呼后拥。

她早熟，与名人雅士、政界人物来往自如；她也晚熟，十九岁还情窦未开，不懂爱情是什么。她家的门槛被媒人踏破，她依旧我行我素，不把婚姻大事放在心上。

在她看来，父母之命，媒妁之言，只要门户登对，嫁谁不是嫁。她不管，她相信父母的眼光，能为她选出最适合她的夫婿。

陆定只有一个女儿，一心希望她幸福，门户是否登对他并不看在眼里。高门大户不乏挥霍无度、花天酒地的纨绔子弟，寒门小家也出有志气、有能力、有担当、有学识的贵子。对于上门求亲者，陆定夫妇按兵不动，只要不是合适的人，他们绝不轻易松口。

许是媒人猜透了陆定的心思，开始试着将普通人家的好男儿介绍给陆小曼。不知不觉，一位叫王赓的青年才俊走进了陆定的视野。

王赓，字受庆，1895年5月15日生，大陆小曼八岁。他生于江苏无锡，出身于一个家道衰落的官宦家庭。1911年，王赓从清华大学毕业，后被保送美国，先后在密歇根大学、哥伦比亚大学、普林斯顿大学就读，1915年获普林斯顿大学文学学士学位后转入西点军校攻读军事。

王赓自幼懂事早熟，为振兴门楣，勤奋苦读。他先后接受了中西方思想文化，为的是回国后大展宏图、有所作为。当时中国正值军阀混战、动乱不安的年代，王赓这样的人才一回国很受欢迎，很快被安排到北洋陆军部工作。1918年6月，获颁陆军少尉军衔；1919年秋，出任航空局委员；同年，以中国代表团上校武官和外交翻译身份参加巴黎和会，协助留洋军事专家为中国争取权利。

在这次和会中，王赓被同时担任外围接应的梁启超看中，成为梁启超的弟子。一时间，王赓声名鹊起，成为红极一时的人物。1921年，王赓晋升为陆军上校，加上已经拥有的名气，在当时京城的社交圈更是春风得意。

他一表人才、文武双全、少年得志、人品绝佳，被陆定看上也是意料之中。一方面，他奋力拼搏，一心有所建树，将来定会成就一番事业。另一方面，他出身寒微，娶了富家千金陆小曼，定会将其捧为掌上明珠，不至于亏待了她。

陆定夫妇精心选择的女婿，陆小曼没有意见。她对他，算不上喜欢，亦不算讨厌。她不过是到了婚嫁的年龄，完成一个仪式而已。

一位是曼妙佳人，一位是青年才俊，两人的结合，在当时的社会看来，实乃天作之合。王赓虽无背景，多了陆定的帮衬，将来必定青云直上，事半功倍。陆小曼娇惯奢侈，有了王赓的宠爱，定能无忧无虑，幸福一生。

他们二人从订婚到结婚，仅用了不到一个月。

陆定是个有头有脸的人物，陆小曼即使嫁给穷小子，婚礼也要大操大办。他要让女儿风风光光地嫁出去，不留一丝遗憾。

1922年，陆小曼出嫁了。她的婚礼声势浩大，轰动了整个京城。婚礼在“海军联欢社”举行，光女傧相就有九位，除曹汝霖的女儿、章宗祥的女儿、叶恭绰的女儿、赵椿年的女儿外，还有数位英国小姐。这些小姐的衣服，都由陆家定制。婚礼当天，中外来宾数百人，几乎挤破“海军联欢社”的大门。

王赓，一个从寒门出来的贵子，不知哪儿来的福气，竟抱得美人归。一时间，北京各大报刊都写着“一代名花落王赓”的报道。有人嫉妒王赓的命运，有人冷嘲热讽王赓的身家背景，也有人真心祝福，认为他们很登对。

此时的陆小曼不懂婚姻，不懂爱情，以为一辈子也就这样了。她多了一个疼她、爱她的人，又有什么不好呢？

婚姻，是一段新人生的开始，也是一次承诺便相守一生的约定。陆小曼把自己交给命运，交给王赓。

婚后，王赓颇为争气，他尽职尽责、办事干练，凭借对工作的饱满热情和优异表现，在1923年被任命为交通部护路军副司令，同年晋升为陆军少将。1924年年底，他再次升迁，被任命为哈尔滨警察局局长。

短时间内连升三级，其升迁速度之快，令人惊叹。

陆定的眼光没有错，这是一个值得投资的乘龙快婿，但他没想过，这样努力上进的女婿，到底能否给女儿幸福。

在王赓的世界里，只有工作，即使周六也从不休息。他不陪陆小曼，也从不交际。到了周日，他也不允许陆小曼打扰，因为他要为下一周的工作养足精神。

他一门心思拼事业，却忽略了还有一位貌美娇妻，还有一个家。他们虽同住一个屋檐下，却不经常见面。每天早上他外出忙公务，晚上回到家时陆小曼早已睡下。他以为自己已做得足够好，只要自己有足够高的官位，给她足够多的钱，提供足够优渥的生活，便是对她最深的爱。殊不知，陆小曼自小富贵，他即使给她再多钱，她也觉得稀松平常，荣华富贵并不能填补她那颗寂寞的心。

日复一日的单调生活，逐渐消耗着陆小曼的耐心，寂寞几乎要把她吞噬。她这才知道，原来婚姻是结束繁华与热闹，进入冰冷的坟墓。

磊庵在《陆小曼与徐志摩艳史》中写道：

谁知这位多才多艺的新郎，虽然学贯中西，却于女人的应付，完全是一个门外汉，他娶到了这个如花似玉的漂亮太太，还是一天到晚手不释卷，并不能分些工夫去温存温存。

其实，这不能怪王赓。好男儿志在四方，岂能整日儿女情长、缱绻缠绵？他只有将全部心思放到公务上，才能对得起在祖宗面前发过的誓，对得起国家。爱情与面包，本就不能兼得。更何况，在他看来，她是他的妻子，即使稍有怠慢，反正来日方长，以后总有弥补的机会。

陆小曼习惯了社交，习惯了万众瞩目，习惯了受人追捧。失去舞台的她，仿佛失去了灵魂，不知该如何自处。她总是想起灯红酒绿的过往。那时的她，好似活在天上人间。如今的她，更像一只金丝雀，被锁在别人安排好的牢笼里。

陆小曼对王赓提出了想要回归社交生活的想法。她不愿意留在家中，过着有没有她都毫无区别的生活。与其独守空房，不如重归舞台，重获自由。

王赓到底是爱陆小曼的。他尊重她的想法，让她回归自由，只要是她想要的，他都会给她。世人都说王赓不解风情，可是风情也有许多面，有的是花前月下、朝夕相守、耳鬓厮磨，也有的是愿意给予对方想要的一切。

是他的娇纵和宽容，成全了陆小曼，包括她的爱情。

后来陆小曼遇到徐志摩，他依旧选择放手，只愿她能过得更好。只是陆小曼并不知道，她得到了爱情的相守，换来的却是生活的消磨。

她得到了面包，失去了爱情；她得到了爱情，也同样失去了面包。徐志摩不能满足她奢华的生活，只能在不断缩减用度中一次次对她说："曼，我是爱你的，我用我的魂灵爱着你。"

有时不得不佩服"媒妁之言"，因为媒人的介绍相对比较务实。媒人都是过来人，过来人的眼光往往比较准，父母的选择也比较清醒。不管陆小曼后来遇到谁，王赓都是一位不错的配偶。

陆小曼并不遗憾错过，因为她从来没有爱过。

遇到徐志摩之后，她在日记里写道：

> 其实，我不羡富贵，也不慕荣华，我只要一个安乐的家庭、如心的伴侣，谁知连这一点要求都不能得到，只落得终日里孤单的，有话都没有人能讲，每天只是强自欢笑地在人群里混。

其实，在这个世界上，谁不孤单？纵然陆小曼遇到了爱情，遇到了徐志摩，可她依旧孤单，只好靠打牌、捧戏子、抽鸦片、交际打发时间。

她以为会在得到爱情之后，得到幸福。事实上，得到爱情不等于不再孤单，更不等于收获幸福。

婚姻不是围城，也不是坟墓，真正困住我们的，是自己的心。

Chapter

02

你是我躲不掉的桃花劫

多少人期待一场轰轰烈烈的爱情，殊不知，爱情的背后充满伤痛。上天很公平，给你甜蜜，一定也会捎带给你一份苦涩。所以，当你面对爱人离去，或爱情正饱受摧残之时，我们便应该懂得，尝过爱情的甜之后，苦也该到了。

多情与寂寞相恋

爱情似一颗种子，一旦种下便很快生根发芽，它能绽放出最美的花，也会因为受伤而萎谢；它如糖似蜜，也令人寂寞孤独。没有它的夜晚，孤独便是那只小虫，在撕咬着人心，令人窒息。

陆小曼婚后的生活并不幸福，如一潭死水，毫无波澜。她喜欢跳舞，王赓认为庸俗；她喜欢交际，王赓嫌弃浅薄；她喜欢打牌，王赓更是觉得无趣。王赓沉默寡言，她认为木讷不浪漫；王赓严谨，她抱怨死板；王赓节俭，她嫌弃他小家子气。两人你看我不顺眼，我看你讨厌，简直无法相处。

王赓最终选择了放手。陆小曼终于解脱，走入人群，却依然感觉寂寞。

一个人可以活得多姿多彩，那多了一个人，理应倍加幸福才是，可不知为何，却活出了寂寞的味道。

当我们对他人有期许，对婚姻有渴望时，失落感也会悄然而至。这世间，没有完全登对的两个人，也没有谁是谁肚子里的蛔虫。王赓对陆小曼的不理解，使得她越来越痛苦，但她毫无办法，只能在热闹的人群中强颜欢笑，将孤单留给自己。

那时，胡适最懂陆小曼的寂寞。

王赓是文学研究会的会员，与胡适很早便已相识。胡适见到陆小曼后，称她为“一道不可不看的风景”。画家刘海粟来北京时，胡适甚至说：“你到了北京，不见王太太，等于没到过北京。”

陆小曼在胡适心里，就是那道抹不去的风景。“王太太”的不开心，他全看在眼里。

那段时间，胡适介绍了不少朋友给陆小曼认识，徐志摩便是其中的一位。

徐志摩，又名徐章垿，1897年1月15日生于浙江海宁硖石。他是才华横溢的诗人，是浪漫的才子。他出身名门，家境优渥，早些年父母便已替他配婚，妻子是同样出身名门的张幼仪。对于这门亲事，徐志摩相当不满。他讨厌父母之命、媒妁之言，若不是祖母苦苦哀求，他定然不会成婚。

婚后不久，他辗转北上求学，先在天津北洋大学法科就读，后转入北京大学。1918年赴美留学，并取得文学硕士学位。为了追随罗素，1920年他离开美国去往英国伦敦，在那里邂逅了从人间四月天走来的女子——林徽因。

在此之前，他不知世间竟会有如此娉婷轻灵的女子。在此之后，他即使遇到了风华绝代的陆小曼，林徽因也是他心头抹不掉的哀伤。他醉了，醉在康桥的柔波里，醉在她浅笑的酒窝中。为了她，他向张幼仪提出离婚，一刻也不想等了。

众人大惊，劝他对婚姻一定要慎重。他说："我将于茫茫人海中访我唯一灵魂之伴侣；得之，我幸；不得，我命，如此而已。"

然而，他的冲动换来的却是林徽因的冷静。她承认，她对他动心了，只是不能与他在一起。

林徽因与梁启超的公子梁思成订下婚约，她向父亲林长民寻求建议，林长民替她拒绝了与徐志摩的这段感情。

再见之时，林徽因身边已有了梁思成。此后，徐志摩与林徽因虽有往来，但也只能做朋友。他不甘心，尽一切可能寻找表达爱意的机会。为了避免意外，梁启超决定送林徽因和梁思成出国深造，等他们学成归来便让他们完婚。

林徽因走了，徐志摩的灵魂也跟着走了。曾经一心苦读、一心报国的徐志摩再也没了往日的神采。有一次，他与友人在一起聊天时，一边吸烟，一边用英文说：“Kissing the Fire（吻火）。”

看到这个大名鼎鼎的才子在爱情面前黯然销魂，在感情中炽火烧身，胡适颇为心痛，便推荐他到北大做教授，希望他能振作起来，转移情场的失意。胡适也带他参加社交，结识朋友，分散他的注意力。

徐志摩与陆小曼就此相识，一段情缘轰然展开。一个是多情才子，另一个是绝世佳人；一个落寞伤感，另一个寂寞孤单；一个是江南才子，风度翩翩，另一个是窈窕淑女，情意绵绵。当他们四目相对，他一眼看透她的寂寞，她一眼看出他的多情。

这不正是她想要的多情男子吗？

陆小曼在《爱眉小札·序》中写道：“他知道我，他简直能真正地了解我，我也明白他，我也认识他是一个纯洁天真的人，他给我的那一片纯洁的爱，使我不能不还给他一个整个的、圆满的永没有给过别人的爱。”

徐志摩说：“（她）一双眼也在说话，睛光里漾起，心泉的秘密。”

陆小曼彻底拯救了他。他在信中写道：“眉，我的诗魂的滋养全得靠你，你得抱着我的诗魂像抱亲孩子似的，他冷了你得给他穿，他饿了你得喂他食——有你的爱他就不愁饿不愁冻，有你的爱他就有命！”

如果说陆小曼让徐志摩振作，那么徐志摩也让陆小曼第一次尝到了爱情的滋味。她初尝爱果，还没来得及吃上两口，怎肯轻易转身？尽管这段爱情十分荒唐，她也甘愿飞蛾扑火。

陆小曼在《爱眉小札》中如此写道：

> 在我们初次见面的时候（说来也十年多了），我是早已奉了父母之命媒妁之言同别人结婚了，虽然当时也痴长了十几岁的年龄，可是性灵的迷糊竟和稚童一般。婚后一年多才稍懂人事，明白两性的结合不是可以随便听凭别人安排的，在性情与思想上不能相谋而勉强结合是人世间最痛苦的一件事。当时因为家庭间不能得着安慰，我就改变了常态，埋没了自己的意志，葬身在热闹生活中忘记我内心的痛苦。又因为我骄慢的天性不允许我吐露真情，于是直着脖子在人面前唱戏似的唱着，绝对不肯让一个人知道我是一个失意者，是一个不快乐的人。这样的生活一直到无意间认识了志摩，叫他那双放射神辉的眼睛照彻了我内心的肺腑，认明了我的隐痛，更用真挚的感情劝我不要再在骗人欺己中偷活，不要自己毁灭前程，他那种倾心相向

的真情，才使我的生活转换了方向，而同时也就跌入了恋爱了。于是烦恼与痛苦，也跟着一起来。

徐志摩的多情、狂热、冲动，在林徽因看来是那么不冷静、不理性。她要的是稳妥地过一生，并非浪漫地爱一生。相反，徐志摩在陆小曼眼里竟是这样单纯，他勇敢地爱，认真地活。同是天涯沦落人，他们都渴望爱，渴望浪漫，渴望灵魂和生命因爱而升华。

在徐志摩最好的年华里，他遇到了陆小曼；在陆小曼最好的年华里，她遇到了徐志摩。

他们爱得那样真，那样纯洁热切、舍身忘我。他忘记了陆小曼还有丈夫，还有家庭。为了家庭和谐，他们站在人群中假装相识不相知，以为这样就能瞒住天下人，最终却发现根本骗不了自己。

“于是烦恼与痛苦，也跟着一起来。”

寂寞能啮噬一个人，相思更能把人连肉带骨地吞噬。什么“两情若是久长时，又岂在朝朝暮暮”，那不过是自欺欺人的假话。人一旦爱了，就想要日夜厮守，朝夕相对。

陆小曼后来说，徐志摩完了，她也完了。其实，她早就完了，在遇到他那一刻起，她便再也不属于她自己。

如果说王赓给了她无尽寂寞，那么徐志摩也给了她巨大的痛苦与磨难。倘若她没有遇到徐志摩，她的生命是不是会少些悲苦与凄凉？她一直以为，与王赓在一起是孤单的、寂寞的。事实上，当她遇见爱情后，才真真正正体会到什么叫孤单与寂寞。

晚年的陆小曼说："过去的一切好像做了一场噩梦，酸甜苦辣，样样味道都尝遍了。……我又没有生儿育女，孤苦伶仃，形单影只，出门一个人，进门一个人，真是海一般深的凄凉和孤独。"

王赓只给了她三年的孤单，徐志摩却给了她大半生的凄凉与孤单。但是，她从不后悔。

"开到荼蘼花事了，尘烟过，知多少？"

我们的一生不只是观光，更是跋山涉水、翻山越岭。爱过痛过之后，才懂得原来所有的时光都与一个人有交集，所有的痛苦与磨难都与一个人有关。

原来一个人也能与"你"细水长流，长伴到老。

痴情人对情痴

作家扎西拉姆·多多在诗中写道："你见，或者不见我，我就在那里，不悲不喜；你念，或者不念我，情就在那里，不来不去；你爱，或者不爱我，爱就在那里，不增不减；你跟，或者不跟我，我的手就在你手里，不舍不弃……"

一入情海，生死茫茫，见或不见，情从来没有变过。爱一个人，草木是他，飞鸟亦是他，只想与他长相厮守。

徐志摩疯狂地迷恋陆小曼，恨不得每时每刻都与她在一起。他就像中了毒，被人下了蛊，满脑子都是她。她似一江春水，在他心中翻涌。

他在日记中写道：

我不在时你想我，有时很热烈地想我，那我信！但我不在时你依旧有你的生活，并不是怎样地过不下去；我在，你当然更高兴，但我所最要知道的是，眉呀，我是否是你“完全的必要”？我是否能给你一些世上再没有第二人能给你的东西？是否在我的爱与你的爱里，你得到了你一生最圆满、最无遗憾的满足？这问题是最重要不过的，因为恋爱之所以为恋爱就在它那绝不可改变、不可替代的一点；罗米乌爱玖丽德，愿为她死，世上再没有第二个女人能动他的心；玖丽德爱罗米乌，愿为他死，世上再没有第二个男子能占她一点儿的情，他们那恋爱之所以不朽，又高尚，又美，就在这里。

都说爱是伟大的，但实际上是自私的，因为他只想占有，只想得到。试问，谁不想拥有一份独一无二的爱？自私，不正是爱的特征吗？

陆小曼也迷恋这位多情的才子。他读得出她的寂寞，欣赏得了她的才华，看得透她枯竭的内心……他的爱，如一滴甘露，滋养了她的全部。她只是一个柔弱的女子，需要爱来填满身心，需要一场浪漫疯狂、惊天动地的爱情，来证明她比任何人都值得被爱。

谁的心灵不空虚，谁不需要灵魂伴侣？如今她遇到了这位伴侣，自然舍不得就此放弃。遇到他之前，她不知道爱情是什么，也没尝到过爱情的滋味；遇到他之后，她的心突然感到甜蜜幸福。她感谢他，是他让她的生命转了一个方向，走上了真正的、光明的路途。

陆小曼不仅感受到了爱情的甜蜜幸福，也看懂了旧式女性的思想与禁锢，她仿佛一夜之间觉醒，活成了一代独立的新式女性。

她在日记中写道："从前多少女子，为了怕人骂，怕人背后批评，甘愿牺牲自己的快乐与身体，怨死闺中，要不然就是终生得了不死不活的病，呻吟到死，这一类的可怜女子，我敢说十个里面有九个是自己明知故犯的，她们可怜，至死都不明白是什么害了她们。"

陆小曼觉悟了，所以她要逃离。逃离没有爱情的家庭，挣脱世俗的枷锁，还自己自由的身心。

她不能忘记，1924年那场演出。

磊庵在《陆小曼与徐志摩艳史》中写道："志摩见过小曼几面，老早就拜倒石榴裙下，某一次义务演剧，内有《春香闹学》一阕，志摩演老学究，小曼饰丫鬟，曲终人散，彼此竟种下情苗。"

当时的徐志摩情绪低迷，林徽因与梁思成双宿双飞，让他苦闷至极。超凡脱俗的陆小曼此时出现，令他眼前一亮，一时间便视她为知音。他将所有的感情都寄托到陆小曼身上，她的一举一动，一颦一笑，都让他无法拒绝。

在徐志摩眼中，陆小曼似一本书，似一首诗，更似惊心动魄的山河大地。她竟这样丰富，令人痴迷。

排练那段时间，陆小曼整日与徐志摩在一起对词、唱戏，眼里充满绵绵不绝的情意。她从未想过，这世间竟然有人如此懂她，纵是生她养她的父母，也不能懂她的寂寞与苦闷。

其实，他们刚认识的时候，只是好朋友。

陆小曼让王赓陪自己玩，王赓说："我没空，让志摩陪你去玩吧！"

徐志摩找王赓出去玩，王赓又说："志摩，我忙，叫小曼陪你去玩吧！"

两个人，被王赓推到一起，未曾预料过未来会发生什么。他们一起游山玩水，赏花踏青，吟诗作对，弹琴画画……了解之后，才成为彼此的知音。

苏雪林在回忆徐志摩的文章里写道："民国十一二年间，志摩才返国，在北京大学、清华大学、平民大学授课，兼主编晨报副刊，发表了许多诗作，才名藉甚。印度诗人泰戈尔来华讲演，又由他当翻译，在全国各地露面，真是红透了半边天。他那时虽已与原配张幼仪女士离婚，对陆小曼却尚未开始追求，或虽已追求，而形迹尚未外露，所以这个新诗坛的美男子，竟成了北京少女界的‘大众情人’。”

徐志摩很红，不少女人为了他单恋成疾。陆小曼当然听说过他的大名，也知道可能会遇到他，毕竟北京文学界的圈子不大。只是她没有想到，这位多情的“情人”竟会爱上她。

徐志摩爱上陆小曼，终究抵不过命运的安排。

在无数个相思成疾的夜晚，命运的警钟早已敲响，这是一场令人痛苦的绝恋。

陆小曼爱他，即使痛，也甘愿忍受。她只要一闭上眼，满脑子都是他的身影。她听得见他的呼唤，每一声都传递着他的相思，她听得心痛，难过得无法呼吸。

他带她去新月社，据说陆小曼也成为新月社的成员。有他的地方，必然有她。苦熬了一个又一个黑夜，好不容易在一起，他们舍不得分开，只想执手相看，对月同酌。

那段时间，徐志摩诗兴大发，依靠陆小曼给他的灵感和激情，写下了《雪花的快乐》：

假如我是一朵雪花，
翩翩的在半空里潇洒，
我一定认清我的方向——
飞扬，飞扬，飞扬，——
这地面上有我的方向。

不去那冷寞的幽谷，
不去那凄凉的山麓，
也不上荒街去惆怅——
飞扬，飞扬，飞扬，——
你看，我有我的方向！

在半空里娟娟地飞舞，
认明了那清幽的住处，
等着她来花园里探望——
飞扬，飞扬，飞扬，——
啊，她身上有朱砂梅的清香！

那时我凭借我的身轻，
盈盈地，沾住了她的衣襟，
贴近她柔波似的心胸——
消溶，消溶，消溶——
溶入了她柔波似的心胸！

徐志摩自回国后，虽有诗作发表，但都不甚满意。那些诗似挤牙膏一般，是一个字一个字挤出来的。遇到陆小曼后，他诗兴大发，确信自己再也不能离开她了。她能给他心安，给他灵感，给他想要的一切。

他在信里写道：“我即使小有才，决计不是天生的，我相信那是勉强来的，所以每回我写什么，多少总是难产，我唯一的靠傍是刹那间的灵通。我不能没有心的平安，眉，只有你能给我心的平安。在你完全的、甜蜜的、高贵的爱里，我享受无上的心与灵的平安。”

徐志摩全然陶醉在柔软的情波里。他不愿陆小曼再属于别人，只想把她的身心从另一个世界里拉出来。

众目睽睽之下，两个人你侬我侬，这层关系谁人不知谁人不晓？只是，朋友们假装看不见。王赓忙于公务，无法陪伴陆小曼，派了徐志摩陪她玩，他们走得近些他也不会多想。不管王赓如何想，徐志摩都坐不住了，他必须让全世界知道他爱她，他要让王赓还她自由。

徐志摩离过婚，成为民国离婚的第一人。他讨厌传统，讨厌伦理纲常，陆小曼与他相恋是否守妇道，他不想管；她离婚是否有违纲常，他更是毫不在意。在他看来，爱情至高无上，不该被传统和旧思想束缚。

陆小曼天性烂漫，在徐志摩的影响下解放了自己。正如郁达夫所说：“忠厚柔艳如小曼，热情诚挚若志摩，遇合在一起，自然要发放火花，烧成一片，哪里顾得到纲常伦教，哪里顾得到宗法家风？”

真是一对痴情人。

痴情不可怕，可怕的是情痴，因为情痴只痴于情，而非人。所以，后来徐志摩依旧惦记林徽因，只因他是情痴。

这苦了陆小曼。她一生，不介意徐志摩偶遇其他女子，唯独介意林徽因。

心爱的人心上挂着别人，没有人能忍受。

有信徒问佛：如果遇到了可以爱的人，却又怕不能把握该怎么办？

佛曰：留人间多少爱，迎浮世千重变，和有情人，做快乐事，别问是劫是缘。

美好爱情的背后都是伤痛

人生从无辜负，也无相欠，爱与不爱，从来不由自己。有情时，只愿相守一人一心，甘苦与共，不离不弃。无情时，相看生厌，只想匆匆转身，从此再不相见。

多少人期待一场轰轰烈烈的爱情，殊不知，爱情的背后充满伤痛。上天很公平，给你甜蜜，一定也会捎带给你一份苦涩。所以，当你面对爱人离去，或爱情正饱受摧残之时，我们便应该懂得，尝过爱情的甜之后，苦也该到了。

有人说，是陆小曼葬送了徐志摩，可徐志摩又何尝没有葬送陆小曼？她原本是世间天真烂漫的女子，在婚姻里承受着寂寞与孤独，这滋味虽不好受，但到底不至于伤心伤肺。她遇到徐志摩，他用一团热情的火点燃了她。她同他烧成一团，烧得尽兴，也烧得痛苦。等她发现这火太过旺盛，已伤及家人及众人时，想要灭掉这火，但这火已非意志所能扑灭。更何况，火已烧至半身，此时撤退，只怕留得一身伤疤，成了终生不能忘记的痛。

徐志摩给陆小曼写信：“曼，我已经决定了，跳入‘油锅’，上‘火焰山’，我也得把我爱你洁净的灵魂与洁净的身子拉出来。”

陆小曼看到这样的话，自然是惊心动魄的。至于现实，他们早已抛诸脑后。

陆小曼说：“做人为什么不轰轰烈烈地做一番呢？我愿意从此跟你往高处飞，往明处走，永远再不自暴自弃了。”

当他们不再遮掩，流言蜚语也随之而来。一位是上流社会的名媛，一位是才华横溢的浪漫诗人，两人的恋情，一时间引起轩然大波。

20世纪20年代，男人可以娶妻纳妾，女子却必须恪守妇道，从一而终。陆小曼在徐志摩眼中是独立的新女性，但陆小曼在众人眼中，只是一个普通的传统女性。众人四处传播两人的风流韵事，却不能接受陆小曼对婚姻的背叛。他们不断地指责、辱骂、声讨、批评，极尽攻击之能事。

王赓闻风从哈尔滨赶回北京，得到了最不想听到的答案。一边是兄弟朋友，一边是美艳娇妻，他无论如何也想象不到，事情竟会闹到如此地步。曾经，他是青年才俊、少年得志的英豪，他因事业步步高升成为风头无两的红人。如今，他更红了，因妻子的事件闹得沸沸扬扬。

王赓能感受到众人的恶意和嘲笑。身为一名男子，只有奋斗出一番事业，才能带给家族荣耀，带给妻子安定的生活。站在王赓的立场，他并没有做错什么。爱情和面包，他选择了后者。徐志摩不同，给了陆小曼爱情，只是他也没有想到，他给不了陆小曼安定的生活。

陆小曼期望往高处飞，往明处走，没想到前路是无尽的黑暗。世人的误解、丈夫的不理解、父母的劝阻，都令她喘不过气来。

想要成全自己，为何竟是如此之难？

王赓身为军人，处理事情简单干脆。据说他发现二人私情后，曾用枪指着徐志摩，恨不得一枪打死他。但理智最终战胜了他，他表示只要徐志摩放弃，一切可以当作从未发生过。

然而，徐志摩毫不畏惧。他早说过，为了爱情，为了陆小曼，他可以上火焰山，下油锅，区区一把枪怎能吓得住他？他依旧去找陆小曼，不管陆父陆母的脸色多么难看，他都能假装看不见。起初，吴曼华还能维持着礼貌，后来见他不肯退却开始破口相骂。

徐志摩无奈，不再独自登门拜访，便多请几位朋友一起去陆小曼家做客。同时他还请胡适做说客，希望吴曼华能成全他们这对苦命鸳鸯。吴曼华不肯妥协，王赓是她和陆定千挑万选的好女婿，前程似锦，忠义重孝，他们怎么可能轻易放手？

徐志摩对吴曼华的做法十分不满，提笔写信给陆小曼：“眉，娘真是何苦来。她是聪明，就该聪明到底；她既然看出我们俩都是痴情人容易钟情，就该得想法大处落墨，比如说禁止你与我往来，不许你我见面，也是一个办法；否则就该承认我们的情分，给我们一条活路才是道理。像这样小鹣鹣的溜着眼珠当着人前提防，多说一句话该，多看一眼该，多动一手该，这可不是真该，实际毫无干系，只叫人不舒服，强迫人装假，真是何苦来。”

徐志摩爱上陆小曼，自觉坦坦荡荡、光明磊落，无非真爱至上。只是在父母看来，陆小曼有家有丈夫，又岂能与其他男子产生感情？在父母的管制下，陆小曼被禁了足。

陆小曼承受着舆论压力，又遭受父母逼迫，这时她才明白，原来爱情并非两个人的事，人生还有责任和道义。既然他们相恋不被世人认可，那么她愿意回归家庭，尝试忘记徐志摩。

陆小曼决定随王赓去哈尔滨，在那座小城过一段平静的时光。忘记一个人最好的办法，就是离开他。尽管她与一个自己并不深爱的人度日，却愿意学着独自面对内心的伤痛。

临走，王赓见了徐志摩，给他留下三句话。第一句：谢谢你帮我照顾小曼。第二句：我一直很看重你这位才华横溢的朋友。第三句：北京圈子不大，大家以后还要见面，还要做人，我希望你能给自己、给我、给小曼都留一条退路。

为了两个家族的名声，为了修复已经破裂的婚姻关系，王赓选择了隐忍和承担，并决定重新开始。他不抱怨，不怪罪，只想把失去的找回来。

徐志摩不能接受这样的结果，也不能忍受陆小曼的离开。上一次，他失去了林徽因；这一次，他即将失去陆小曼。

导致这一切发生的罪魁祸首，在徐志摩看来，是人心。

不久，他写了一首诗，叫作《这是一个懦怯的世界》，以此来批判囚禁爱情的人们：

这是一个懦怯的世界：
容不得恋爱，容不得恋爱！
披散你的满头发，
赤露你的一双脚；
跟着我来，我的恋爱，
抛弃这个世界，
殉我们的恋爱！

我拉着你的手，
爱，你跟着我走；
听凭荆棘把我们的脚心刺透，
听凭冰雹劈破我们的头，
你跟着我走，
我拉着你的手，
逃出了牢笼，
恢复我们的自由！

跟着我来，
我的恋爱，
人间已经掉落在我们的后背，——

看呀，这不是白茫茫的大海？
白茫茫的大海，
白茫茫的大海，
无边的自由，我与你与恋爱！

顺着我的指头看，
那天边一小星的蓝——
那是一座岛，岛上有青草，

鲜花、美丽的走兽与飞鸟；

快上这轻快的小艇，

去到那理想的天庭——

恋爱，欢欣，自由

——辞别了人间，永远！

这个世界是怯懦的，容不得这样的恋爱，也容不得陆小曼这样的女人。来自街头巷尾的谩骂与指责，她承受得比徐志摩更多。徐志摩说："我有时真想拉你一同死去，我真的不沾恋这形式的生命，我只求一个同伴。"

为了爱，他付出生命也在所不惜，但并不是所有人都愿意与他同生共死。不是害怕死亡，而是相爱的人，真的需要为了相守去赴死吗？

陆小曼暂时退缩了。假如，她可以忘记徐志摩，又如何不能与王赓重新开始呢？

她给了自己忘记的机会，只是她不曾想到，忘记一个人竟如此艰难。她对徐志摩的情根埋得太深，没有他，她如同提线木偶、行尸走肉。

挣扎、折磨、烦乱、疲惫……她再也没有转身的理由。就算，就算前面一片火海，她也要跳下去，好烧得干干净净，再也不用忍受这相思之苦。

她想要去天堂，跟他一起告别人间，只为不枉费他曾经付出的爱。

死不可怕，可怕的是活着。活着比死去，更需要勇气。

相思，是爱情最好的修行

这世间最痛的，莫过于相恋的人忽然转身，只留下对方在风中凌乱。转身离开的人，不是不爱了，不是不痛了，而是没了继续走下去的勇气。

当陆小曼随王赓而去，徐志摩的怒火也彻底爆发了。这世界容不得恋爱，容不下他和陆小曼两个人。所有人都在拆散他们，纵是有千年道行的白娘子，还不是被法海压在了雷峰塔下，更何况徐志摩和陆小曼两个凡人呢?

相思，或许是爱情最好的修行。苦过，痛过，历经千般劫难，到最后这苦难不就结束了吗?

然而，陆小曼的苦难还未结束。她思念徐志摩，为自己的离开而自责，觉得自己是爱情里的背叛者。说好的一起走下去，中途她却改换了另一条道路。

她在哈尔滨待了没多久，很快回到北京。她多想告诉徐志摩，她回来了，为他回来。她的回归，令父母不安，父母依旧不肯让他们相见。徐志摩得知陆小曼回来心急如焚，坐卧不安。正巧，新月社从石虎胡同搬迁到松树胡同七号，徐志摩便借庆祝为由，央求胡适邀请同社成员陆小曼参加，这对苦命鸳鸯这才得以相见。

再见面时，已恍若隔世。他一定看出她瘦了，她也一定看出了他的疲惫与颓废。众人面前，他们不能嘘寒问暖，互诉衷肠，只能强颜欢笑，力掩憔悴，苦咽悲凉。

明明对方就在眼前，却不能拥抱。徐志摩和陆小曼的心如抽丝般疼痛，有说不尽的折磨与挣扎。

某个特殊时刻，谁没恨过这个世界呢？可不管多恨，明天的太阳照常升起，我们依旧要学会面对。

夜幕降临，陆小曼再次回到禁锢她的家。她被父母监禁，一举一动都逃不过仆人的眼睛。在那个偌大的家里，她没有一点藏“心”之处，他们要把徐志摩从她的心上剜走，再无半点痕迹。

可是他们不知道，剜走徐志摩，她也剩不下什么了。

陆小曼在家中几乎窒息，却也无可奈何。很多时候，不是靠近心爱的人就能过得更幸福，说不定会更痛苦。

在他们苦苦寻求解救之法时，徐志摩收到了泰戈尔的来信。泰戈尔自旅华后，便和徐志摩结成了忘年之交。泰戈尔临行前与徐志摩约定，次年春暖花开时，一起游历欧洲。不料泰戈尔身体欠安，对曾经许下的诺言念念不忘，希望徐志摩能够去欧洲与他相会。

徐志摩接到信件左右为难。一方面，他应该履行约定即刻动身，才不会辜负泰戈尔的期望；另一方面，他放不下陆小曼，担心自己走后，她有限的勇气敌不过环境的压力。身为男人，他着实不该留下女人独自承担所有的压力。

看到徐志摩面对如此困境，好友胡适提出了建议："志摩，你该了解你自己，你并没有什么不可撼动的大天才。安乐恬嬉的生活是害人的，再像这样胡闹下去，要不了两年，你的笔尖上再也不会有光芒，你的心再也不会有新鲜的跳动，那时你就完了。你还年轻，应该出去走走，重新在与大文学家大艺术家的接触中汲取营养，让自己再增加一些作诗的灵感，让自己的精神和知识来一个'吐故纳新'。所以，我说，志摩，你还是去吧。"

徐志摩不肯去欧洲，他的父母和朋友却都鼓励他出去走走。朋友们劝他，此时他与陆小曼风头太紧，出去避避风头才是聪明之举。

无奈之下，他给陆小曼写信，鼓励她无论如何也不能放弃：

“你知道我这次想出去也不是十二分心愿的，假定老翁的信早六个星期来时，我一定绝无顾恋的想法走了完事；但我的胸坎间不幸也有一颗心，这颗脆弱的心又不幸容易受伤，这回的伤不瞒你说又是受定的了，所以我即使走也不免咬一咬牙齿忍着些心痛的。这还不是关于我自己的话；你一方面委实有些不放心，不是别的，单怕你有限的勇气敌不过环境的压迫力，结果你竟许多少不免明知故犯，该走一百里路也只能走满三四十里，这是可虑的……

“聪明的小曼：千万争这口气才是！我常在身旁自然多少于你有些帮助，但暂时分别也有绝大的好处，我人去了，我的思想还是在着，只要你能容受我的思想。我这回去是补足我自己的教育，我一定加倍地努力吸收可能的滋养，我可以答应你我决不枉费我的光阴与金钱，同时我当然也期望你加倍地勤奋，认清应走的方向，做一番认真的工夫试试，我们总要隔了半年再见时彼此无愧才好……

“顶要紧的是你得拉紧你自己，别让不健康的引诱摇动你，别让消极的意念过分压迫你，你要知道我们一辈子果然能真相知真了解，我们的牺牲，苦恼与努力，也就不算枉费了。”

陆小曼鼓起勇气从哈尔滨回到北京，以为能与徐志摩携手共同面对风雨，不承想老天给了她更大的考验。她不情愿他走，也不甘心他走，可事已至此，她又能如何。

“虽然我舍不得你走，你不在我说不定会被他们逼疯，我也会感到势单力薄，但我不会妨碍你的前途，你这次出去游历，和大诗人在一起，肯定会对你的才艺有极大的促进作用。再说，这样的环境，你在可能更糟糕，他们会防得更紧，不如你先离开，让我与他们周旋斗争，也让时间考验一下我们的情感，看看能不能忘掉对方？”

表面看来，陆小曼支持徐志摩离开，但话里话外，分明有太多无奈。

她可能在“威胁”，也许在“试探”，她不是真想让他走，只是想听他说一句：“我愿意为你留下来！”以此来证明，她回来是值得的，她在他心中的地位高过一切。

只要一句承诺，她就能坚定走下去的决心。她只是，想听他说一说世间最动人的情话、恋人间最浪漫的海誓山盟。

女人向来缺乏安全感，陆小曼也不例外。

此时的陆小曼早已饱尝过相思之苦，她不知道自己能否撑得过半年。这种令人窒息的痛，胜过无数人的讥诮、辱骂。提及这段时期，后来她在《哭摩》中写道：“我记得我每遭人辱骂的时候你老是百般地安慰我，使我不得不对你生出一种不可言喻的感觉。我老说，有你，我还怕谁骂，你也常说，只要我明白你，你的人是我一个人的，你又为什么要去顾虑别人的批评呢？”

两个人在一起，可以抵挡狂风暴雨、流言蜚语；但如果仅剩一个人，不是怕痛苦怕窒息，而是怕对方忘了自己。

Chapter 03

背负所有，都是为了爱情

世间多少无理情事皆为劫数。有人伴你成长，有人伴你流年，有人让你在爱过、痛过之后方才懂得，情本无常。看破参透，曾经经历的波澜与挫折，换回的是内心的淡定与从容；看不透，放不下，最后它仍会变成劫数，陪你轮回流转数千万劫。

别离，是检验真爱的一种方式

问世间，情为何物？直教生死相许。

佛说四大皆空，可这情分明让人痛苦。它空不掉，也忘不掉，更舍不掉。倘若两个相爱的人不得不分离，与其在分离中痛苦、迷失自我，不如学着觉察自己。

徐志摩要走了。

出国，对彼此来说，无疑是个好的决定。对陆小曼来说，亦是成长的开始。她在哈尔滨躲避徐志摩时可以随时回来，徐志摩远走海外，她即使再痛也要学着坚强。

她说得对，他不走的话可能更糟糕，不仅因为他们防得紧，还因为只有尝过了最深的痛，斗争起来才更有力量。

徐志摩出国前夕，朋友们为他举办饯行宴，陆小曼和王赓都在受邀之列。眼看心爱的人即将离去，陆小曼难过得痛饮下一杯又一杯酒。友人劝她不要贪杯买醉，她难过地说道：“我不是醉，我只是难受，只是心里苦。”

徐志摩听完难过至极，开始后悔自己的决定。陆小曼流下的滴滴眼泪，全流到了徐志摩心里去。他感受着她的痛，她的撕心裂肺，此时他多想与她抱头痛哭一场，告诉她，其实自己更想留下来。

只是他不能。他必须要将这场饯行宴进行下去。他不能任性，不能安慰她，他为自己的无能为力感到难过。

宴会散场后，徐志摩再也控制不住自己，连夜给陆小曼写了一封信。

龙龙：

我的肝肠寸寸地断了，今晚再不好好地给你一封信，再不把我的心给你看，我就不配爱你，就不配受你的爱。我的小龙呀，这实在是太难受了，我现在不愿别的，只愿我伴着你一同吃苦——你方才心头一阵阵地作痛，我在旁边只是咬紧牙关闭着眼替你熬着，龙呀，让你血液里的讨命鬼来找我吧，叫我眼看你这样生生地受罪，我什么意念都变了灰了！你吃现鲜鲜的苦是真的，叫我怨谁去？

……

方才你接连了叫着："我不是醉，我只是难受，只是心里苦。"你那话一声声像是钢铁锥子刺着我的心：愤，慨，恨，急的各种情绪就像潮水似的涌上了心头；那时我就觉得什么都不怕，勇气像天一般地高，只要你一句话出口什么事我都干！为你，我抛弃了一切只是本分；为你，我还顾得什么性命与名誉？——真的，假如你方才说出了一半句着边际着颜色的话，此刻你我的命运早已变定了方向都难说哩！

陆小曼收到信，一句话都没说。她亲自送他上火车，即使难过得将要窒息，仍旧愿意成全他去海外远游。

这是一个比饯行宴更痛苦的场面。

饯行时，他只是即将离开；送行时，他是真的要走了。为免别人胡乱猜疑，她故意戴上"面具"假装无所谓。可是，她笑不出来，只好用双手捂住耳朵，以这样的姿势来掩盖所有的悲伤。她多想跟他单独聊几句话，送上一句"一路平安"，只恨这世间人，连这样的机会都不给他们。

徐志摩将头探出窗外，朝送行的人挥手。他们全部看着车子驶去，却无一人上来拉他的手，假装不舍。徐志摩暗暗揣测，他们巴不得他走，走了也好。

他甚至对陆小曼没有流泪有些生气，难道她一点也不难过吗？陆小曼当然难过，但是她有什么办法？

> 前天我送他上火车，送他远走他乡，我心里满不愿意地去送，我心里怎样难受又不能叫人知道，我们最后的几分钟还是四面站满了人，月光都落在我们身上，仿佛我们不应当这样地亲密似的，我心里一阵阵地酸，回想起来亦分不出什么味儿。眼看着车要开了，他的眼不住地向我看。呀，爱呀！我哪里还敢看你呢？我知道你眼眶里亦一定满着无限的眼泪，难道你会真愿意抛弃你的爱而远走他乡？这种无可奈何的事情偏偏来得多。他泪中带着许多的话，我全明白，我只是不敢看他，恐怕在这许多人前泄露了我的神圣恋爱。他，他还要来握我的手，咳，真好像一把刀在那里切我的心，我头亦不敢点，一直到车动了，他站在车边用手送吻给我们（给我一个人我知道的）。我才看一看就把头藏在梦绿胸前了，并不是我十分怕那炮竹声，不过借此盖去我脸要哭出来的样子，车子什么时候走完的我亦不知道，回头就走。……

陆小曼的心，跟着徐志摩走了。她好像失去了魂魄，不知光阴流转，今夕何夕。她痛到不知痛为何物，痛到不知道什么时候已被人扶上车子。

在车子里，王赓问她："你的眼睛为什么红红的？哭什么？"

陆小曼回过神来，只觉他明知故问。她不怪他，因为他是木头人，根本不懂什么叫情！她懂什么叫情，所以此刻才更深刻体会到什么叫离别的痛苦。她不怕她的心随他而去，而是怕这孤单的心无人可依，无人温存安慰，只能冷凄凄地等他回来。

她不知道要等到几时，等到哪一天，或许她再也等不到了。

回到家，她的世界空了。她坐在书桌前，看他给她写过的信，日记却如何也不敢看，怕一触碰便再也无法抑制满眼的泪。她只能呆呆地坐着、熬着，盼着快一点睡去，好从离别的伤痛中解脱出来。

陆家要去广济寺做佛事，伴和尚们念经，尽管陆小曼难受至极，仍然跟着去了。禅声、钟声、念佛声……声声使人忘却人间烦恼。可在陆小曼听来，那声音叽叽咕咕，好不凄惨。

她心里只有痛，只有眼泪。有人跟她说话，她的眼泪就要溢出来，心中的苦楚再也抑制不住。

夜晚，她倚在庭前石栏杆上看树影，树枝在月光下摇摇晃晃，同她的心一般，在摇摇晃晃地想着什么。月光凄惨，人心不古，做人无味到极点，她想去过那和尚般的生活。

想着想着，她心里空极了，也不苦了。是啊，人心空了，哪里还有那十分的苦楚？苦是因为看不开。

可是，人能看开几分几秒？下一秒，陆小曼便哭了。她还是不能忘记他，不能接受他已经离开的事实。

自他走后，陆小曼终日唉声叹气，连画画、学法文亦没了心情。她生平是最高傲的人，多少男子拜倒在她的石榴裙下，她从未看过一眼。只是她不曾想到，如今的她竟遇到这等伤心伤肺的情事，将她抬得高高的头硬是按到了眼泪里。

她有苦不能说，有冤不能诉，还要假装快活的样子做人，让她痛苦万分。她曾经对徐志摩说：“摩！我今天很运气能够遇着你，在我不认识你以前，我的思想，我的观念，也同她们一样，我也是一样地没有勇气，一样地预备就此糊里糊涂地一天天往下过，不问什么快乐什么痛苦，就此埋没了我本性过它一辈子完事的；自从见着你，我才像乌云里见了青天，我才知道自埋自身是不应该的……”

因为这一点点的勇气，她吃了太多苦。她要为爱情斗争，为爱情的自由而努力。如今，她突然大梦初醒。

爱是什么？爱不是你侬我侬的悄悄话，不是一封又一封的亲密信件，更不是心肺都掏出来给你看的辩白，而是，我爱你，胜过爱我自己。

我可以忍受一世不白之冤，也不愿让你承受一点名誉之损。我愿牺牲自己的一生，只为免除世人对你那一点点微不足道的伤害。

这不是为爱情牺牲，而是在爱情里升华自己的灵魂，让它更圆满、纯净、高贵和富有。

毋庸置疑，陆小曼真的爱上了徐志摩。没有这次别离，她不会意识到，她竟比以往更在乎他，更爱他。是因，是果，是对，是错，又有什么关系，有这份爱已足矣。

万物流转轮回，情爱悲欣交集，一切来了又去，去了又来。只剩旁观者依旧在那里静观世间风雨，起落沉浮。

爱和孝不能两全

自古忠孝两难全，岂止忠孝，爱和孝也难两全。综观历史情事，真是造化弄人，越是相爱的人，偏偏越是会遇到“父母”这个冤家。先有司马相如和卓文君，后有蒋碧薇和徐悲鸿，为了成全爱情，他们亦是拼尽了全力。

不是不孝，而是无法与不爱的人在一起苟活下半生。

在父母眼中，儿女即使成年，仍旧是个孩子。儿女越是年轻气盛，父母越是小心谨慎，生怕儿女被爱情冲昏了头脑，毁了一生。

可是，父母们哪里懂得，即使被爱情伤害，儿女们仍是心甘情愿，无怨无悔。

可是，儿女们又哪里懂得，有些错一旦犯下便是一生。纵是心甘情愿、无怨无悔，那痛，那苦，父母也不想让儿女去承受半分。

为了爱情伤了父母并非不孝，只要你过得幸福，他们终究会原谅你因任性而犯下的过错。

徐志摩走后，陆小曼的身心一次又一次地陷入绝境。她甚至想就此算了。就算为了他着想，也应该给他更清白的名誉。她想放下，脑海里偏偏出现他的影子，她画画、读书、读很长的法文，心乱了又乱，苦恼万分。

陆小曼对母亲倾诉自己的苦闷："照这样的日子再往下过，我怕我的身体上要担受不起了。"母亲不理解，反而说她自寻烦恼，自找痛苦。人活一世，要的是好好地过日子，而不是模仿外国小说里的爱情，讲精神上是否痛苦。

爱情与精神，似乎没什么道理可讲。

见陆小曼死不放手，父母开始频繁施压，用一切手段让她断绝与徐志摩相爱的念头。然而，这一切不仅没有阻止她，反而激起了她斗争的心。她决定要为了他继续争取，不管前面有多少荆棘，仍要奋勇前行，不到尽头决不回头。

世人只看到她的表面，把她当成一个只会玩、只会穿的女子，只有徐志摩感受到了她的纯真、她的苦痛，让她无法不还他一片真心。她决定改变生活，认真做人。

徐志摩收到陆小曼如此激进的信件，欣喜万分。他鼓励她，期盼着他们最终能够胜利。徐志摩很不甘心，希望在远方也能帮她，他给陆母写信，恳请她能为了女儿的幸福，放他们一条生路。

陆母收到信件十分生气，她怎么也想不到，徐志摩竟敢亲自写信，说出不顾家族颜面的话。这下，徐志摩在陆母心中的印象更坏了，她认定这是一个不靠谱的男人，给不了女儿幸福。

陆母骂完，陆小曼哭着给徐志摩写信："你为我太苦了，摩！你以为你婉转的劝道一定能打动她的心，多少给我们一条路走走，哪知道你明珠似的话好似跌入了没底的深海，一点儿光辉都不让你发，你可怜的求告又何尝打得动她磐石一般硬的心呢！一切不是都白费了吗？到这种情况下，你叫我不想死，还去想什么呢？不死也要疯了，我再不能挣扎下去了！"

面对朋友的劝阻、父母的逼迫，她真是再也无法坚持下去了。她如时钟一般左右摇摆。她不想伤父母的心，也不想伤徐志摩的心，她想平衡好他们的关系，却让他们之间闹得更糟糕。

她承认，是她的母亲害苦了她，可她仍旧愿意牺牲自己的幸福，等她百年之后再作打算。只要自己忍受痛苦，这日子终究可以过下去，母亲也可以安心，社会也不再骂她，王赓也不会在乎她的忧闷。

她把这些烦闷写进了日记：

摩，爱呀！昨天我想得你声泪俱下，我哭了真一个多钟头，我想写——拿起笔来写不成字，我只得独坐回想我们的将来，那黑暗的将来！我知道，现在是个极妙的机会，可是——我不忍！我不忍伤我父母，他们年老无儿，近来境遇很坏，不知如何过下去呢！我没有法子相劝他们，我哪能再在这时间提议他们最反对的事呢！我真不知怎样好，我知他一定很急的，可是爱呀！我们既然是十分相爱，何必急！何必急！我只怕你误会我，我恨不能让你看；我的心，我是个很有志气的女孩子，最恨那些小人。

爱情诚可贵，亲情价更高。在爱与孝面前，陆小曼选择了后者。在她心里，并非徐志摩地位比父母低，而是她和徐志摩还有更长久的将来。她可以等，等到父母百年之后，等到他们挣脱枷锁获得自由的一天，再给爱情一个完美的结局。

自徐志摩走后，陆小曼不知道经历了几轮折磨与纠结，原本就体弱的她，终于支撑不住病倒了。家庭医生说她病得很重，尤其心脏和神经，必须好好治疗。父母听完，将陆小曼送进医院，他们的心情也跌落到了谷底。

生病对于陆小曼来说，似乎是一种解脱。徐志摩走了一个多月，她仿佛过了几个世纪，假如生病可以让这场战火暂时熄灭，也不失为一个良策。她甚至想，就这样吧，死了更干净，再也不必承受这般煎熬了。

王赓得知陆小曼病倒，心急如焚。此时，他任督办浙江军务善后事宜公署高级参谋，身在南京，因军人的身份不便离开，便拜托胡适和张歆海这两位好友照顾陆小曼。他在信中写道：“陆家有电报来叫我回京，苦的是我是军人，不能随便行动，说走就走。好的是一二日内，就有机会来到，可以假公济私，人亦可以来京，钱亦可以多少带点。请你告诉小曼，好好安心调养……我没有到之前，你们两位更得招呼她点，见面再谢吧。”

在陆小曼给徐志摩的信里，曾说王赓对她戴了一层面具。他明知道她与徐志摩的事，还假装什么也没发生，这种做法让陆小曼近乎发狂。她宁可他骂她、打她、暴跳如雷，也不愿他用平静来折磨她。可他偏偏是“一尊用木头雕成的凶神”，让她一点也猜不透他在想什么。

事实上，王赓是爱她的。他并非不介意，不难过，不想闹，而是更愿意等她悔悟，等她发现他的好。他给她大海般的宽容，给她一生的时间抚平伤痛，这还不够爱吗？后来，徐志摩去世，他想接回陆小曼，照顾她一生，这何尝不是另一种爱呢？

这不怪他，只怪陆小曼从来没有爱过他，他的好才变成了心机。当然，这也不能怪陆小曼，爱情如能刻意而为之，便不叫爱情。谁是谁的命中注定，他们自己说了才算。

不知道王赓是不是想了什么办法，总之他回京后，带来了调职上海的消息。在等待调离期间，他一直留在北京，惹得陆小曼心烦意乱。她再不能写日记，也不能一人清清净净，他寸步不离让她像上了枷锁般难受。

她不能忍受与王赓共处一室，也不愿看父母因王赓调职而喜笑颜开的脸。这世界仿佛处处与她作对，她越是不喜欢什么，什么越是偏偏光顾。她一想到即将跟随王赓去上海，就心跳气短，急促不安，甚至晕倒。

为了陆小曼的身体，父母让亲戚们陪她去大觉寺散心，一来能避开王赓，二来能减少与徐志摩书信往来。

世人只记录了陆小曼和徐志摩的痛楚，不知王赓的心情如何，是否也悲痛万分，心如死灰？

大觉寺的生活让陆小曼着实平静不少。山中杏花遍野，朵朵芳香，沁人心脾。山里静谧，漫步于小路上，让她忘了时间、空间，以及凡尘的一切。

她给徐志摩写信：

摩！我想到万不得已时我们还是躲到山里去罢！我这

次看见好几处美丽的庄园，都是花二三千块钱买一座杏花山，满都是杏花，每年结的杏子，卖到城里就可以度日，山脚下造几间平屋，竹篱柴门，再种下几种四季吃的素菜，每天在阳光里栽栽花种种草，再不然养几个鸟玩玩，这样的日子比做仙人都美。

陆小曼幻想的日子确实美。她愿意为了他放弃一切，永远栖身于此，不再应酬交际。她守着花，守着志摩，守着杏，就已足够。

幻想终究是幻想，最终都要化为泡影。没有谁能独立存在，也没有谁能切断世间牵绊，活在真空的世界里。

陆小曼更不能。她就算有了徐志摩，也不能不管生她养她的父母，她几次因父母而妥协，不想让他们活得更痛苦。

但是回去，她会更痛苦，更悲伤。

遇见徐志摩，或许是一场美丽的错误

仓央嘉措在诗中写道："但曾相见便相知，相见何如不见时。安得与君相决绝，免教生死作相思。"

这一世，陆小曼遇见了徐志摩，明明相知相许，可为何偏偏要承受这椎心刺骨般的痛？既然注定痛苦，又何必遇见？

越是爱得浓烈，越是要承受这世间的无情与决绝。仓央嘉措问，如何才能摆脱相思，如何才能忘记对心上人的深情？

陆小曼也想问。可是，她没有答案。

陆小曼过得不快乐，远方的徐志摩也没有好多少。他在旅途中给陆小曼写信，提笔便是："很惦记你，直想把你装在提包里带走……"他与陆小曼还心有灵犀："回国之后，我只愿与她寻一清净之处，不慕荣华，不念富贵，过一种只羡鸳鸯不羡仙的隐逸生活。”

此番旅行，徐志摩为泰戈尔而来，却不承想因泰翁助手的疏忽，他抵达欧洲时，泰戈尔已离开。他正惆怅之时，忽然接到了张幼仪的信件，他们的儿子彼得病重，让他前去探望。

徐志摩收到孩子病重的消息，在写给陆小曼的信中这样抱怨张幼仪：“再隔一星期到柏林，又得对付她（张幼仪）了，小曼，你懂是不是？这一来柏林又变了一个无趣味的难关。”到达柏林时，徐志摩幻想的一切并没有发生，得知的却是一个噩耗：彼得因腹膜炎去世。

丧子之痛，痛断肝肠。徐志摩捧着彼得的骨灰，流下了愧疚的泪水。彼得的离去，使张幼仪再一次遭受到命运的打击。她失去了丈夫，又失去了一个儿子。徐志摩问张幼仪，他们的儿子彼得为什么不爱哭，张幼仪平静地回答：“也许他知道哭也没什么用吧。”

一句话，让徐志摩对张幼仪刮目相看。她不再是“乡下土包子”，不再是那个逆来顺受、被传统禁锢的女子。

徐志摩再次给陆小曼写信，报告张幼仪的近况：

> 可怜不幸的母亲，三岁的小孩子只剩了撮冷灰，一周前死的。她（张幼仪）今天挂着两行眼泪等我，好不凄惨……可是一个有志气、有胆量的女子，她这两年来进步

不少，独立的步子已经站得稳，思想确有通道，这是朋友的好处，老K的力量最大，不亚于我自己的。她现在真是“什么都不怕”，将来准备丢几个炸弹，惊惊中国鼠胆的社会，你们看着吧！

正如徐志摩所料，张幼仪回国后做出了一番惊天动地的成就。她在东吴大学教德语，担任上海女子商业银行副总裁，在云裳服装公司做总经理。晚年，她终遇良人，与之执手相伴走完了幸福的余生。

张幼仪在经历了狂风暴雨般的洗礼后，终于如花绽放，她的人生正向幸福、和谐迈近。而此时的陆小曼，却痛得死去活来，如在地狱。

陆小曼从大觉寺回到家没多久，就收到了王赓下的最后通牒。原来，他去上海任职的事情已定，逼着陆小曼跟他南下。他在信里说，若此次不去，那就永远不用再去。陆小曼读罢信件假装淡定，冷冷地说：“我道什么大事！原来是这一点小事！这有什么为难之处呢？我愿意去就去，我不愿去难道能抢我去吗？”陆母听到，顿时急了：“哪有这样容易，嫁鸡随鸡，嫁狗随狗，这是古话；不去算什么？”

不得不走了。陆小曼再也没了计策，唯一能做的便是写信通知徐志摩，等他电报回来后再做打算。电报一去一回需要二十来天，她若能拖出一个答案也是好的。谁知，一家人不肯拖延，也不听陆小曼的解释，逼着她一周内必须动身。陆小曼慌得六神无主，又气又急，气血攻到心口，她又一次晕了过去。

此番病倒，家人不敢再说些什么。

陆小曼躺在床上，一想到要离开徐志摩便心如刀割。次日清晨，她威胁母亲："若是你们一定要逼我去，我立刻就死。"母亲不甘示弱："好的，要死大家一同死！"陆母的破釜沉舟，让陆小曼彻底灰心了。她还能怎样，难道要家人跟她一同去死吗？陆母苦苦哀求，希望她再给王赓一个机会，也给她自己一个机会，有的人不是不好，而是她看不到他的好。

陆小曼无奈，终于决定放弃了：

> 摩！我今天与你永诀了，我开始写这本日记的时候本预备从暗室走到光明，忧愁里变出欢乐，一直地往前走，永远地写下去，将来若是到了你我的天下时，我们还可以合写你我的快乐，到头发白了拿出来看，当故事讲，多美满的理想！现在完了，一切全完了，我的前程又叫乌云盖住了，黑暗暗的又不见一点星光。……摩！我的爱！到今天我还能说什么？我现在反觉得是天害了我，为什么天公造出了你又造出了我？为什么又使我们认识而不能使我们

结合？为什么你平白地来踏进我的生命圈里？为什么你提醒了我？为什么你来教会了我爱！爱，这个字本来是我不认识的，我是模糊的，我不知道爱也不知道苦，现在对爱也明白了，苦也尝够了；再回到模糊的路上去倒是不可能了，你叫我怎么办？

陆小曼的心碎成一片，落一片，痛一片，痛得连笔也拿不住了。爱是什么？爱似乎只有痛，曾经片刻的快乐也被痛代替了。她怨，怨命、怨老天，让她对爱情有了启蒙，却不给她足够的幸福。如今，她失了灵魂，这身体就让环境去践踏，让命运去支配吧。

情缘已尽，人也该散了。陆小曼决绝地写道："此后我的行踪你也不要问，也不要打听，你只要记住那随着别人走的是一个没有灵魂的人。我的灵魂还是跟着你的，你也不要灰心，不要骂我无情，你只来回地拿我的处境想一想，你就一定会同情我的，你也一定可以想象我现在心头的苦也许更比你重三分呢！"

到底是放不下，最后她还是给了徐志摩希望。她渴望将来重见天日，渴望他能带走她那颗热切等待着他的心。不过，此时所有的期望都如一场春梦，她唯一能做的便是闭眼回忆过去，即使痛到心如刀绞，他仍是她的精神寄托。

徐志摩收到陆小曼的信，痛不欲生。他说："你早已成我灵魂的一部，我的影子里有你的影子，我的声音里有你的声音，我的心里有你的心；鱼不能没有水，人不能没有氧；我不能没有你的爱。"

他决定，与其悲来痛去，不如闹个天翻地覆来得痛快。他既然不能离开陆小曼，那便追回她，让全世界的人看看，他和她是可以在一起的。

徐志摩再也等不及了，即刻动身回到了北京。可没想到他日夜兼程，换来的却是人去楼空。

陆小曼走了。

之前，陆小曼说了太多放弃的话，但终究还是一步一步地走了过来。她始终不能舍了他，如同一个人不能断了呼吸。如今，她真的走了。既然她走了，灵魂跟着她又有何用？他要的是活生生的陆小曼，不是一场春梦，一个幻想。

陆小曼问了太多为什么。如同世间多数爱而不得的女子，她们也不明白，为什么相爱的人不能相守？

世间多少无理情事皆为劫数。有人伴你成长，有人伴你流年，有人让你在爱过、痛过之后方才懂得，情本无常。看破参透，曾经经历的波澜与挫折，换回的是内心的淡定与从容；看不透，放不下，最后它仍会变成劫数，陪你轮回流转数千万劫。

无奈世人是情痴。越是被伤害，越是痛苦，反而越不愿放下。因为越痛，证明爱得越深。陆小曼说，我的身体任环境践踏，任命运支配，就让那灵魂陪着你。

他感召着她，她也感召着他，这般深情注定是一场劫。

为爱，尽力了就好

徐志摩遇见林徽因后，曾说："我将于茫茫人海中访我唯一灵魂之伴侣；得之，我幸；不得，我命，如此而已。"

为了这位貌若莲花的女子，他与妻子张幼仪离婚，从康桥追到北京，只为与所爱之人执手相看，再续缘分。林徽因途经他的时光，又匆匆转身离去，此后，她于他而言只能是红颜。

为了她，他拼尽过全力。

遇见陆小曼，他说："真的，我有时恨不得拿自己血管里的血写诗给你，叫你知道我爱你是怎样地深。"一见倾心，再见相知，道不尽孤独，诉不完寂寞，这位风情雅致的绝妙佳人，比红颜更胜一筹。

只恨，佳人已嫁作人妇，前路阻碍重重，比红颜更难相守到老。尝过失去爱情的痛，才更加懂得珍惜眼前的缘分。这一次，他要为了爱情全力以赴，即使面临重重阻隔，也要一一翻越，决不后退。

男人多是理性的，不过徐志摩却是感性的。他仿佛为爱而生，目的就是告诉人们原来爱情是这般模样。他心中有一团爱火，在不停地燃烧，即使粉身碎骨，也不肯将这爱火熄灭。

这火，一直在蔓延……不久，就再一次烧到了陆小曼身上。这一次，即使与她双双化为灰烬，他也不肯再与她分开半刻。

1925年7月，徐志摩回到了北京。有人说，那时陆小曼还留在北京，只是陆母严格防范，使得有情人难以相见。也有人说，徐志摩寻不到陆小曼，便匆匆南下追寻，在南京火车站遇到了准备去上海的陆小曼。只是陆母看到徐志摩就悲愤万分，使得他们只能擦肩而过。不管真实情况如何，总之两人被陆家父母插在中间，始终难以一诉衷肠，也难以商量出应对的计策。

陆小曼已决定放弃，即使再见徐志摩，仍是认为不能改变什么。两个人的勇往直前，变成了一个人的单枪匹马，徐志摩的心情已不能用崩溃来形容。

徐志摩知道，陆家人对他唯恐避之不及，他现在就是浑身长满嘴，也不能说通王赓和陆家人。无奈之下，他想到了胡适，便给他写信说：“眉踪影全无，料来还在上海，我离南前大致见不着了。适之你替我想想！我二十日到京。”

胡适接到信件，也毫无办法。他能说什么？去劝好友王赓离婚，成全另一位好友徐志摩吗？

9月，徐志摩回老家探亲，他“营救”陆小曼的事情才算告一段落。不过，徐志摩并没有灰心，在回老家前，他找到了好友刘海粟，希望好友能帮助他，继续做陆母的工作。

刘海粟是一位画家、美术教育家，与徐志摩和王赓都是好朋友。除此之外，他还是陆小曼的绘画老师，能时常见到陆小曼，陆母对他也十分客气。刘海粟为人正直，思想前卫，他早年因不满父母包办的婚姻，曾逃跑反抗。他讨厌封建婚姻，更同情徐志摩与陆小曼这对苦命鸳鸯，虽然没有明确表态，但他更容易被说动。徐志摩找到他时，他也很为难。虽然他同情徐志摩，可他到底也是王赓的好朋友，与胡适一样觉得难做人。

徐志摩心疼地说：“海粟，这样下去，小曼是要愁坏的，她太苦了，身体也会垮的。”刘海粟听完动了慈悲心，于是豪情一发，当即决定帮助他们。

陆小曼到了上海，对王赓的态度更恶劣了，而王赓也不再纵容她任意妄为，开始限制她的人身自由。陆小曼虽心如死灰，可死灰也会复燃，王赓不能不防。他禁止她出门交际应酬，禁止她出去吃饭跳舞。他不是想妨碍她的自由，而是为了提防她遇到徐志摩。

唐瑛得知陆小曼来到上海，便请他们夫妇吃饭。王赓有事不能前去，便嘱咐陆小曼也不必出席。唐瑛约陆小曼去跳舞，她一想到王赓的命令便犹豫了，却被唐瑛嘲笑说：“我们总以为受庆怕小曼，谁知小曼这样怕他，不敢单独跟我们走。”陆小曼为了争回面子，半推半就跟着唐瑛走了。

她们刚走到门口，便遇到了王赓回来查岗。看陆小曼已出门，王赓气得红着脸大骂：“你是不是人，说定了的话不算数！”说完，拉着陆小曼回了家。

陆小曼在朋友面前颜面尽失，气得向陆母告状，吵着要回北京。王赓对陆小曼一向宽容大度，从未干涉过她的自由，此番举动惹怒了陆母，她们收拾行李打道回府了。

王赓的好女婿形象在陆家人心中大打折扣，而此时刘海粟正巧出现，这才让徐志摩“有隙可乘”。

刘海粟去陆家做说客，陆母第一次改变了想法。关于那段经历，刘海粟回忆道：

> 小曼母亲听完我的叙述，叹息道：“我们何尝不知道。可是因为我们夫妇都喜欢王赓，才把亲事定下来的。我们对志摩印象也不坏，只是人言可畏啊！”我就提出许多婚姻不自愿而酿出的悲剧。并且希望长辈要为儿女真正

的幸福而做出果断的抉择。老太太是有学问的人，她答应说服王赓。我们就商定，我陪她母女去上海，由她出面找王赓，我再出马。当时王赓正好在沪出公差。当我决定陪陆小曼母女去上海时，志摩高兴得像个孩子，他把希望都寄托在我身上。我说："志摩，你不要想得太乐观，这件事不是简单的。"志摩说："只要你肯用心去办，准能办好，我也只有把希望放在你身上了。"有趣的是，当我们到上海还未立定脚跟，志摩又追随到了上海。当时，他说是和我讨论学术的事，其实，还是紧盯小曼不放。

三天后，刘海粟在功德林设宴，除了陆家母女和王赓外，还有唐瑛、杨铨、李祖德、张君劢、唐腴胪等。这场鸿门宴几乎每个人都心知肚明，所以刘海粟很不好开口，一直斟酌该如何打开话题。

刘海粟在祝酒时，开始探讨反封建的话题，先谈人生与爱情的关系，接着引申到伉俪之情应建立在志趣相投、感情融洽的基础之上。最后，他们一起举杯，共祝所有的人都能收获自己的幸福。

听完一席话，王赓已十分清楚这场宴会的意图。此时，他已是五省联军总部参谋长、敌前炮兵司令、铁甲车司令，久经沙场的他，面对一切潜在的危机早已学会不动声色。他与徐志摩不同，他是军人，更懂得军人要有军人的威严，且别说感情的伤痛，即便是遍体鳞伤，也不会皱一下眉头。

没人知道王赓在想什么，也没人知道他是否会答应离婚。人们只能猜测着，劝解着，期盼他假以时日能够想通。他不向同伴好友诉苦，不求他们的援助，不与“背叛”他的好友为敌，甚至不与徐志摩为敌。

他似一个钢铁般的人，仿佛无心无情，但不出意料，他一定做过艰难的思想斗争。他不是不爱，不是无情无义，而是爱得太深，舍不得放手。可他知道，再挣扎下去，也难以持久。

一天晚上，陆小曼正要睡觉时，王赓叫住了她，提出想与她好好聊一聊。

他满含苦涩地说道：“小曼，我想了很久很久，既然你跟我一起生活感到没有乐趣，既然我不能给你你所希冀的那种生活，那么，我们只有分开。宴会后的这两个月里，我一直在考虑，我感觉到我还是爱你的，同时我也在给你一个时间考虑，你觉得你和志摩是否真的相配？”

陆小曼沉默不语，王赓知道一切再无挽回的余地了，便松口答应了离婚。

王赓答应离婚后不久便接到命令，被派去上海购买军火。与他对接的是一个白俄罗斯人，拿到王赓支付的军火款项后携款逃跑，王赓因办事不力被北洋军阀特派员逮捕入狱。他的事业、他的前途，骤然变得岌岌可危。

此时，陆小曼已着手离婚事宜，不料王赓出了状况。陆小曼只好让律师李祖虞代替自己出面去狱中与王赓商量离婚事宜。

这一次，王赓很果决。他不想因自己的事耽误她的幸福，更不想自己的遭遇波及她，让她遭受非议。

既然如此，不如放手还她自由。

于是，他没有丝毫犹豫，在离婚协议书上干脆利落地签下了字。

福无双至，祸不单行。对王赓而言，事业家庭双双跌至谷底，再没有比此时更坏的境遇了。他前半生太顺，年少才俊，平步青云，娶名门千金，这几乎透支了他后半生所有的好运。即便后来他再任参谋长、司令等，却还是因为各种缘故锒铛入狱，遭遇不幸。

王赓活得太用力，活得太认真，这几乎消耗了他所有的精力。1932年，他出狱后去德国治疗肾病，两年后，又回国赴任，直到去世，他仍旧奔波在路上。那时的他，才刚刚四十七岁。

王赓答应离婚后，陆小曼喜不自胜。只是，她的高兴，很快被痛苦所取代。

她怀孕了。

这个小生命，是王赓的。她此时正极力与王赓断绝关系，孩子的到来让她陷入尴尬的境地。她要活得彻底，要彻底属于徐志摩，这孩子自然不能留下。她去德国人开的诊所做了手术，因手术出现意外，她从此再也不能生育。不仅如此，手术还使她留下了严重的后遗症，她在日记里自诉说："一过夫妻生活就会昏厥。"

因为打胎而导致不能生育，不能过正常的夫妻生活，她为爱情付出的代价着实不小。徐志摩喜欢孩子，一直为不能与陆小曼生一个孩子而遗憾。后来，陆小曼认了好几个干女儿来弥补徐志摩的遗憾，可她知道，无论认多少干女儿，终究比不上给他生一个孩子。

有人问王赓为什么会放手，他说："爱情是人类最崇高的情感活动，真正的爱情应以利他为目的，只讲无私奉献，不求索取。既爱其人，便应以对方的幸福为幸福。我是爱陆小曼的，既然认为和我离开后能觅得更充分的幸福，那么，我又何乐而不为？又何必耿耿于怀呢？"

放手并非不爱，而是爱得更为深沉和伟大。离婚后，王赓怕徐志摩怠慢陆小曼，又给徐志摩写信："我们大家是知识分子，我纵和小曼离了婚，内心并没有什么成见；可是你此后对她务必始终如一，如果你三心二意，给我知道，我定会以激烈手段相对。"

徐志摩一直认为，他是最爱陆小曼的。彼时他带给陆小曼伤痛，仍觉得在一起才是最好的结局。陆小曼为父母的不理解、不支持而纠结痛苦时，徐志摩在哪里？在说什么？他在说“龙龙，你要勇敢；你要直着脖子往前走；我宁愿拉你一起去天堂和地狱……”

徐志摩和陆小曼结婚时，给王赓送去喜帖，王赓回礼时，写下：“苦尽甘来方知味。供小曼玩。受庆王赓。”

“供小曼玩”，胜过“我爱你”“在一起”，以及世间所有的情话。虽然解除了夫妻关系，虽然你此时欢天喜地，可我还是愿意博你一笑。因为你笑了，我才舍得转身离去。此后，不管你将我推得多远，你永远都是我最亲近、最爱的那个人。

或许，这就是缘分吧。如果王赓没有对陆小曼大呼小叫，没有情绪失控，后来会是这个结局吗？说不定陆家人还是喜欢王赓，还是愿意坚持自己的想法。可是，爱情出卖了王赓。假如不爱，他又如何会乱了方寸？只因为他知道，自己再也把握不住她，只好控制住她的行动了。

是啊，留住她的人，也是好的，哪管得了她的灵魂归于何处。

为了爱情，王赓也尽力了。

多年后，徐志摩去世，王赓去探望陆小曼时提出复婚，她听完默不作声。这种反应，已给了他最好的回答。

他此番转身后，便彻底退出了陆小曼生命的舞台。不是他不爱了，而是她无论处于何种境地，都不再需要他了。

有朋友劝王赓再娶，他说："曾经沧海难为水，除却巫山不是云。"

见过你之后，世间女子再无颜色。

Chapter
04

历尽万劫，终结连理

不管怎样，他们在一起了。此后，他们将握紧彼此的手，一起幸福地走下去。离开北京，离开人群，去过归隐山林的生活。一起看日出日落，一心伺候草木花鸟，不争朝夕，不理世事，只愿做一对只羡鸳鸯不羡仙的神仙眷侣。

终于在一起

这世间最美的，莫过于一生一代一双人。简简单单，平平凡凡，一花一草，一粥一饭，看似平淡却是最幸福的日子。

当年范蠡看透富贵如浮云，无意功名，飘然离去。他放下一切，唯独带走了西施，归隐于蠡湖之畔。溪流处处斜，迤逦入烟霞，拚把春衣沽酒，沉醉在山家。人世徒转，如梦如幻，人生何必祈求太多，唯有与心爱之人相依相守，才是最稳妥的幸福。

尝过多少甜，便要承受多少苦；吃过多少苦，便能换来多少甜。许多事情，并不复杂，无非苦乐交替，如同四季流转。

陆小曼遇到徐志摩，开蒙开慧，自是尝尽爱情之甘，可也因世俗观念，品完所有爱情之苦。“山重水复疑无路，柳暗花明又一村”，上天待她不薄，让她历经万劫之后，终于赢回了期盼已久的相守。

她和王赓终于离婚，总算解脱了。现在，她和徐志摩都是自由身，他们再也不用承受世人的指责与谩骂。她如同出笼的小鸟，迫不及待地想要飞到徐志摩身边，与他分享这份来之不易的喜悦。当徐志摩得知陆小曼恢复自由时，他不顾朋友在场，竟忘形地跳了起来。

陆小曼说，我要结婚的。是他给我的那一片纯洁的真情，使我不能不还他整个的、从来没有给过人的爱。为了这一刻相守，他们经历了太多风风雨雨，如今苦尽甘来，真是说不出的辛酸。难怪徐志摩会跳起来，如果没有旁人在场，说不定他会做出更大胆的举动。

1926年8月14日，农历七夕，陆小曼和徐志摩在北海公园举行了订婚仪式。他们广发请柬，邀请朋友们前来参加订婚仪式。他们都受到过太多指责，如今更想得到朋友们的祝福。

然而，想得到所有人的祝福太难了。他们苦苦努力，也从未得到过徐家任何祝福。

张幼仪是徐申如为徐志摩挑选的贤妻，她克己守礼、勤俭持家、恪守孝道，在徐父眼中是最完美的儿媳。对徐父来说，孝顺、持家、贤惠，才是女人该有的样子。而陆小曼跳舞交际、纸醉金迷，并且十指从未沾过阳春水，这样的女人实在不能照顾好他的儿子。除此之外，陆小曼在婚内勾搭徐志摩，不守妇道，徐父更是视她为“红颜祸水”。

徐志摩被逼无奈，再一次找到胡适，恳求他去见徐申如。陆小曼怕徐志摩一人力量不够，于是写信给胡适，大吐心中之苦：“先生，并非我老脸皮求人，求你在爹娘面前讲情，因为我爱摩，亦须爱他父母，同时我亦希望他二老爱我。我受人的冷眼亦不少了，我冤的地方只有你知道。”

胡适以一人之力很难改变徐申如的想法。随后，徐志摩又找张君劢长谈，希望得到他的支持。另外，他还找到亲戚们，派他们挨个去徐家游说……

终于，徐申如做出了让步，只要张幼仪同意徐志摩和陆小曼结婚，他便同意陆小曼进门。在徐申如看来，张幼仪一直爱着徐志摩，离婚纯属被逼无奈，如今新的机会来到眼前，说不定她会倍加珍惜。

1926年春，徐家二老给张幼仪写信，盼她回国做决定。那时，徐志摩和陆小曼还未订婚，还在提心吊胆地怕张幼仪誓死不肯答应。徐志摩的担心不无道理，对于张幼仪这样的女子来说，从一而终是信仰。

那段时间，徐志摩焦虑、难熬，在信中用“北京人”“张女士”来称呼她，极不耐烦。

不久，张幼仪回国了。她在上海一家旅馆里见到了徐申如。他问她：“你和我儿子离婚是真的吗？”张幼仪知道，徐申如想给她一次机会，只要她否认，他一定会为她争取复合。

然而，她却点点头，平静地说：“是的。”

徐申如听完有些难过，又继续追问：“那你反对他同陆小曼结婚吗？”

张幼仪摇摇头说：“不反对。”接着，她给出了不反对的理由：“我对陆小曼没有敌意，她和徐志摩之间发生什么事，是他们的事，因为我已经和他离婚了。”

当张幼仪说出“不反对”时，徐志摩再次像个孩子一样高兴得跳了起来。他张开双臂大声欢呼，由于用力过猛，陆小曼送他的“勒马玉”戒指从窗口飞了出去。徐志摩连忙派人去找，但一直没有找到。那时，张幼仪便预感不吉利，不过徐志摩并不相信预兆。

此时，他的眼里只有幸福，哪有什么不好的预兆。他万分感激张幼仪，又迫不及待地将这天大的喜讯分享给陆小曼：“我从此知足，再不想望更高远的天国。我有你什么都不要了……抱住你，就好比抱住整个宇宙，还有什么缺陷，还有什么想望的余地？”

有了她，徐志摩即使失去全世界也在所不惜。所以，当徐申如提出其他附加条件时，徐志摩毫不犹豫地答应了。

徐申如一共提出了三个附加条件：

一、结婚费用自理，家庭概不负担；

二、婚礼必须由胡适做介绍人，梁启超证婚，否则不予承认；

三、结婚后必须南归，安分守己过日子。

除此之外，徐申如还对徐家财产重新做了分配。家产一分三开，老辈一份，张幼仪与儿子徐积锴一份，徐志摩一份。张幼仪是干女儿，若未嫁，徐积锴的家产由她保管；若嫁，可划取一份做她的妆奁费用，余产归于徐积锴名下。

对于以上所有安排，徐志摩选择了全部接受。

1926年10月3日，这对新人在北海公园举行结婚典礼，来宾数百人，皆是各界名流。

胡适担任主持人，金岳霖担任伴婚人，梁启超担任证婚人。

那日，陆小曼头纱曳地，温婉动人。娇小玲珑的她，身边站着风流倜傥的徐志摩，真是一对绝世璧人。

徐申如没去参加婚礼，致电徐志摩："余因尔母病不能来，幼仪事大旨已定，你婚事如何办理，尔自主之，要款可汇。"

他们最终还是没能得到父母的祝福。不仅如此，当天还发生了一件石破天惊的事，被称为史上空前绝后的证婚。

证婚人梁启超发言说：

我来是为了讲几句不中听的话，好让社会上知道这样的恶例不足取法，更不值得鼓励——徐志摩，你这个人性情浮躁，以至于学无所成，做学问不成，做人更是失败，你离婚再娶就是用情不专的证明！

陆小曼，你和徐志摩都是过来人，我希望从今以后你能恪遵妇道，检讨自己的个性和行为，离婚再婚都是你们性格的过失所造成的，希望你们不要一错再错自误误人。

不要以自私自利作为行事的准则，不要以荒唐和享乐作为人生追求的目的，不要再把婚姻当作儿戏，以为高兴可以结婚，不高兴可以离婚，让父母汗颜，让朋友不齿，让社会看笑话。

总之，我希望这是你们两个人这一辈子最后一次结婚！这是我对你们的祝贺！我说完了！

在场所有人听了无不惊慌失色，徐志摩更是羞愧难当。梁启超不喜欢陆小曼，也认为她不够贤良淑德，最终会害了徐志摩。

次日，梁启超在给梁思成和林徽因的信中，表明了他的一番苦心：

> 我昨天做了一件极不愿意做之事，去替徐志摩证婚……我在礼堂演说一篇训词，大大教训一番。新人及满堂宾客，无一不失色，此恐是中外古今未闻之婚礼矣……徐志摩这个人其实聪明，我爱他，不过看他此次陷于灭顶，还想救他出来，我也是一番苦心……我又看着他找到这样的一个人做伴侣，怕他将来痛苦无限，所以对那个人当头一棍，盼望她有所觉悟（但恐很难），免得将来把志摩弄死，但恐不过是我极痴的婆心罢了！

夫妻间的事，不能只怨一人。无论梁启超对陆小曼多么不满，到底是他心爱的弟子徐志摩先动了情。假如没有徐志摩的出现，陆小曼还是那个蒙昧未开的少女。她活跃于灯火璀璨的舞池，享受众人的鲜花锦簇，静坐剧院听戏喝茶，回家后绘一幅水墨丹青……她可以恣意放纵，也可烂漫欢乐，只为活得尽兴。可是，欢乐的背后却是无尽的寂寞。

因为寂寞，她才感受到徐志摩的陪伴多么甜蜜。纵然爱情伤了她，徐志摩的离去令她生不如死，她都说，从不后悔。

不管怎样，他们在一起了。此后，他们将握紧彼此的手，一起幸福地走下去。离开北京，离开人群，去过归隐山林的生活。一起看日出日落，一心伺候草木花鸟，不争朝夕，不理世事，只愿做一对只羡鸳鸯不羡仙的神仙眷侣。

婚后，徐志摩辞去《晨报》副刊主编职务，抛却浮名，带着陆小曼，回到了浙江硖石老家。

人生苦短，珍惜当下，方能无伤无惧。

再美好的爱情，也抵不住相守

时光渐渐老去，悄无声息走远，这世间到底有多少人，陪你静度一段幸福时光？年幼时，是父母；少年时，是青梅竹马；后来，是那个执手一生的人。

身边的人，总是去了来，来了又走。来时平平淡淡，以为一待就是一辈子。待到失去才发现，原来那些平淡，竟是生命里最幸福的时光。

可惜，我们总是在幸福中追求“幸福”。

1926年10月，徐志摩和陆小曼奉命回了硖石老家。硖石，是徐志摩的故乡，那里老宅的青藤爬满院墙，燕子在梁间呢喃，一切从未改变，只待故人归来。

徐志摩娶到陆小曼心满意足。为了与她相守，这一路上遭受的白眼、流言、压力，原来都是值得的。越是得来不易，他越是倍感珍惜。他曾写道："身边从此有了一个人——究竟是一件大事，一个大分别；向车外望望，一群带着笑容往上仰的可爱的朋友的脸盘，回身看看，挨着你走着的是你这辈子的成绩、归宿。这该你得意，也该你出眼泪——前途是自由的吧？为什么不？"

这两个相爱的人，在相守的那一刻已获得自由。人世流转，山河一梦，万物都在变，不变的是每一个当下。陆小曼当下亦是快乐的，对未来充满期待。二人新婚宴尔，终于执手相伴，还有什么比这更幸福的？

她在《爱眉小札》的序里写道：

> 以后的日子中我们的快乐就别提了；我们从此走入了天国，踏进了乐园。一年后在北京结婚，一同回到家乡，度了几个月神仙般的生活。

陆小曼来到硖石，对这个小镇一见倾心。她曾说，不慕荣华，不恋富贵，只愿得一心人，白首不相离。这个小镇充满柔情，如诗如画。她所住新居，亦是精心打造的。徐申如在老家为他们修建了一座中西合璧式二层楼房。

7月，徐志摩给陆小曼写信提到过新居的事：

新屋更需月许方可落成，已决安置冷热水管。楼上下房共二十余间，有浴室二。我等已派定东屋，背连浴室，甚符理想。新屋共安电灯八十六，电料我自去选定，尚不太坏，但系暗线，又已装妥，将来添置不知便否。眉眉爱光，新床左右，尤不可无点缀也。此屋尚费商量，因旧屋前进正挡前门，今想一律拆去，门前五开间，一律作为草地，杂种花木，方可像样。惜我爱卿不在，否则即可相偕着手布置矣，岂不美妙。楼后有屋顶露台，远瞰东西山景，颇亦不恶。不料辗转结果，我父乃为我眉营此香巢；无此固无以寓此娇燕，言念不禁莞尔。

徐申如曾说："结婚费用自理，家庭概不负担。"然而，他到底爱儿心切，只能为儿子打造爱巢。他虽不喜欢陆小曼，但也期望儿子幸福，为他们打造这座世外桃源，已算是仁至义尽。只愿他们能相伴一生，不负父母这番苦心。

过往的矛盾和烦恼，在徐志摩和陆小曼到达硖石后似乎烟消云散。徐申如再次失言，破格为他们举办了婚礼，场面之隆重热闹，令人瞠目结舌。

徐志摩给朋友张慰慈写信时，记录了这场盛大的婚礼：

上海一住就住了一月有余，直到前一星期，咱们俩才正式回家，热闹得很哪。陆小曼简直是重做新娘，比在北京做的花样多得多，单说磕头就不下百次，新房里那闹更不用提。乡下人看新娘子那还了得，呆呆的几十双眼，十个八个钟头都会看过去，看得陆小曼那窘相，你们见了一定好笑死。闹是闹，闹过了可是静，真静，这两天屋子里连掉一个针的声音都听出来了。我父在上海，家里就只妈，每天九点半后起身，整天就管吃，晚上八点就往床上钻，曼直嚷冷，做老爷的有什么法子，除了乖乖地偎着她，直偎到她身上一团火，老爷身上倒结了冰，你说这是乐呀还是苦？

郎情妾意，恩爱缠绵，满是欢喜。沉醉于爱情中的人，苦亦甜，醉亦美，有佳偶相伴，此生何求？粗茶淡饭有甘味，简衣薄酒是平安。曾经的风言碎语、恩怨情仇，早已消失得无影无踪。

初遇徐志摩时，陆小曼自称不慕荣华，不恋富贵，在世人看来，是一句空头白话。难得的是，她做到了。她可奢华璀璨，也可如诗如画，她放下所有，与徐志摩栖息小镇，已说明一切。后来在上海，她虽曾奢华无度，尽兴放纵，但徐志摩去世后，她闭门谢客，深居简出，朴素一生。

可惜，她觉悟得太晚了。在失去后，她才懂得，徐志摩比自己的生命更重要。

徐志摩也视陆小曼为生命。他放下名利，自此掩门，与爱人相伴，和文字相依，过着幸福美好的日子。他提笔写《望月》，又落笔写信寄情好友：“我的小园庭，有时荡漾着无限温柔：善笑的藤娘，袒酥怀任团团的柿掌绸缪，百尺的槐翁，在微风中俯身将棠姑抱搂，黄狗在篱边，守候睡熟的珀儿，它的小友，小雀儿新制求婚的艳曲，在媚唱无休……”

他们的日子实在太幸福了，幸福得陆小曼常常生起惆怅来。她开始思考人生的遗憾，假如她没有流产，没有因手术失败而失去做母亲的机会，他们会不会更幸福？朴素的日子虽幸福，可太静了，是真静。冷清时，她感叹说：“摩，到底还是有孩子的好。冷清时解解闷，比什么都好，我真后悔……”

人生向来难以圆满，总要留些遗憾。她得到了爱情，与老天交换的条件，是失去孩子。

她为徐志摩付出惨痛代价，他对她自然珍惜万分。陆小曼吃饭，吃到一半，说：“志摩，你喂我。”徐志摩便把剩下的饭菜喂到她嘴里；她饭吃罢，剩下的不肯再吃，又撒娇说：“你替我吃。”徐志摩乖乖奉命。徐母看不惯陆小曼的行为，心疼地说：“那饭还是凉的，志摩吃了说不定会生病啊。”

陆小曼不管，她要的就是徐志摩的宠爱，无尽的宠爱。吃剩饭还算好的，最让徐母看不下去的是吃完饭，徐志摩抱她上楼。徐母向张幼仪抱怨说：“你有没有听过这样懒的事情？这是个成年女子耶，她竟然要我儿子抱她，她的脚连缠都没缠过哪！”

提起这些事，晚年的张幼仪也十分生气，她说：“我想，连七岁的阿欢都知道把饭吃完是种礼貌……我一直觉得把女人抱过门槛这种西方才有的风俗很特别，可是硖石家里的楼梯特别长，大概有五十级……”

徐申如是硖石大户，思想前卫又保守。他前卫到让徐志摩拜梁启超为师，送徐志摩出国留学，又出钱为他办《新月》报；他保守到看不惯陆小曼中午不起，晚上不睡，也不喜欢她娇弱无力，人前人后有人伺候，更不喜欢她吃穿用度过分讲究。

勤俭持家、孝敬公婆、经营生意，与陆小曼毫不相干。交际技巧、柔美舞姿、琴棋书画，与徐父徐母也毫不相干。娶妻娶贤，显然陆小曼不是徐家二老心目中的合适人选。这个家，徐母再也待不下去，没多久便去了上海。她与徐申如会合后，双双投奔在北京的张幼仪。

徐母离开，陆小曼能够理解，但他们投奔张幼仪，着实令她下不来台。她来到硖石，褪下华服，低眉顺目，委曲求全，不承想换来这样的结果。她的委屈，又向谁倾诉？

她自问，也没哪里做得不好。不过是，霸占徐志摩多了些。

原来，并非相爱就能幸福一生；原来，爱情并非一生一代一双人，还有七姑八姨、公婆前妻。

一瞬间，陆小曼“二人世界”的幻想破灭了。

她一直以为，离婚就能获得自由，不承想又跳入了另一个不自由的世界。好在，她有徐志摩，他懂她的苦，理解她的怨。

依旧纸醉金迷

岁月安宁，江山不惊，过一世平淡无扰的日子，不知是几世修来的福报。于今人而言，是幸运，亦是恩赐，理应珍惜。民国乱世，多少人失去性命。爱情是什么？相守是什么？都不如逃命时一碗粥饭来得宝贵。

江山跌宕，世间纷乱，人也在苦难里受尽煎熬。正如这世间情爱，也在时间里消磨着。磨着磨着，春风不再解意，佳人不再相知。原来，改变爱情的不是战争，不是时间，而是自己的心。

徐志摩和陆小曼终于过上隐居生活。他放下名利，不再四处漂泊，只愿与陆小曼留守小镇，安心做世间平凡夫妻。他说："我正因为珍视我这几世修来的幸运，从苦恼的人生中挣出了头，比做一品官，发百万财，乃至身后上天堂，都来得宝贵，我如何能噤默。”

爱情于他而言，是一切，是灵魂。陆小曼也喜欢这段清幽的时光，提起隐居硖石的日子，她说：“在新婚的半年中我是住在他的家乡，这时候可以算得是达到我们理想的生活……”

美好往往短暂，意外总是不请自来。他们在硖石住了没多久，北伐战争就开始了。随着战事临近，1927年1月（农历丙寅年十二月），陆小曼和徐志摩被迫离开硖石老家，移居上海。

初到上海，他们的生活颇为清苦。徐父依照与徐陆的约定，早已断绝他们的生活用度。他们没有钱，只能住在狭窄逼仄的小旅馆。陆小曼住不惯，又转到客栈，她还是不喜欢，才搬到了宋春舫家。

宋春舫家倒是舒服，但借居总不是长久之计，徐志摩一直为生计发愁。他想找一份事做，无奈此时北洋政府岌岌可危，财政已发不出教员薪水，曾经在北京新月社共事的朋友也被迫南下，这让徐志摩一时陷入经济困境中。

此时的上海，十里洋场，绚烂繁华、醉生梦死。徐志摩不喜欢繁华，习惯了清静的他，面对这样的生活感到十分不适。他说：“在那怨毒、猜忌、残杀的空气中，我的神经每每感觉到一种不可名状的压迫。”上海无事可做，他想离开此地，便想到可以通过泰戈尔的秘书恩厚之帮助，与陆小曼一起出国念书。他给远在欧洲的胡适写信，胡适也正为徐志摩的前程担忧。

不久，胡适给恩厚之写了一封信，希望他能帮助徐陆二人：

> 我对志摩夫妇的前途有点忧虑……他们现在居住的地方是一个十分落后的小镇，没有任何现代化气息。志摩的新太太十分聪慧，但没有受过系统化教育。她能说英文、法文，能绘画，也能唱歌。但要是他们两口子在那个小地方住得太久，就会受害不浅了，他们多方面的才华会浪费逝于无形了。那些头脑里装满了传统习惯的人，并不欣赏个人才能的发展；他们把后一辈的年轻人只看作搓麻将的良伴……要是我们能找出个办法把志摩夫妇送到英国或者欧陆其他地方，让他们有两三年时间念点儿书，那就好极了……

恩厚之是胡适和徐志摩的好友，收到这封求助信，从英国很快给徐志摩汇来二百五十英镑作为差旅费。这是一笔数目不小的资金，足够两人在欧洲生活一段时间。当然，也足够让两人在上海生活一段时日。

从北京搬到硖石，陆小曼收起了贪玩的性子，陪着徐志摩过起简衣素食的生活。从硖石搬到上海，陆小曼瞬间恢复了天性，一番梳洗打扮后，又开始了交际花似的生活。她每天周旋于人群中，跳舞，打牌，不亦乐乎。

徐志摩要带她出国，她病倒床榻，不胜娇弱。休养几天，身体渐好，便又开始懒散贪玩，游戏人生。徐志摩心疼她，任她潇洒自在，不再提出国的事。留学的事一再搁浅，无奈徐志摩只好再谋差事，解决基本生存问题。

没多久，徐志摩在光华大学找到一份兼职工作，生活总算安定下来。他们也从宋春舫家搬到上海环龙路花园别墅11号，后又迁到福熙路四明村923号。这是一幢上海老式石库门房子，共有三层。一楼是佛堂，用于祭祀和处理重大家庭事件。所以平时一楼空置，客人来访直接到二楼。二楼有宽敞的会客厅，亭子间由陆母居住，徐陆二人住前一间厢房。卧室颇为考究，家具全部为红木，上面陈设着文房四宝、古玩和四时花卉。另有沙发、茶几、烟榻等。三楼的亭子间名为“眉轩”，供徐志摩读书使用。

这幢高档住宅的排场和北京的房子比起来，并不逊色。它是地位、阶级和身份的象征，所以每个月租金也十分昂贵，约一百元银洋。

自徐志摩和陆小曼搬至上海后，陆父陆母也搬了过来。那时，陆定不得志，心情不佳，只好依靠着女儿。徐志摩供养陆小曼一人已颇为吃力，现今又要养家糊口，只好再找其他兼职工作。

提及徐志摩在上海的日子，周有光先生在他的著作《我的人生故事》中，如此记录道：

> 光华大学请了中国有名的学者来上课，譬如教文学的有徐志摩，徐志摩是北京大学教授，又兼光华大学教授，从北京到上海跑来跑去，结果飞机失事死了。徐志摩的作品、做人的风格影响学生。我到过徐志摩家里，他和原来的夫人离婚，徐志摩的前妻张幼仪也是很有文化的，张幼仪是小脚，他们是家里面订婚的。后来他跟陆小曼结婚，在上海住，一幢房子三层楼，下面一层是英国式的，第二层是日本式的，第三层是印度式的，三层楼三种文化。那时候老师跟学生，校长跟学生关系很好，像朋友一样。很多人很钦佩徐志摩的，他是一代风流。有人说：白话诗到徐志摩时成熟了。

徐志摩是才华横溢的诗人，却不承想被生计所累。为了温饱，他四处兼职，再无时间创作。即使他每月可以挣到六百元至一千元银洋，仍不能满足陆小曼巨大的花销。他在写给好友的信中抱怨说："光华东吴（大学）每日有课，一在极西，一在极东，设如奔波，隆冬奈何？"

生活就这样变了。他不再是贴心贴肺的知心爱人，她也不再是为了他肯牺牲物质生活的贤妻。他四处授课，无暇陪伴她。对于她的孤单，他心怀愧疚，所以供她尽情玩乐。

徐志摩宠爱陆小曼，尽一切可能为她遍寻新奇果菜。凡是她爱吃的，他一定为她置办。仅吃的一项，徐志摩的文字便记录下来许多：

"今天托久之带京网篮一只，内有火腿茶菊……天台的橘子倒有，临走时再买，早买早坏。火腿恐不十分好，包头里的好，我还想去买些，自己带。"

"东西我知道是不能多带的，我就单买了十几个沙营，胡沈的一大篓子，专为孝敬你的。"

"我让他过长崎时买一筐日本大樱桃给你，不知他能记得否。日本的枇杷大极了，但不好吃。白樱桃亦美观，但不知可口不？"

"我前天那信也说起老母，托带现洋一百元，蜜饯一罐；余太太笑我那罐子不好，我说：'外貌虽丑，中心甚甜。'"

"这回你知道了吧？每天贪吃杨梅、荔枝，竟连嗓子都给吃扁了。一向擅长的戏也唱得不是味儿了。"

"难道我走了你一点也不想我？现在弄到我和你在一起倒

是例外，你一天就是吃，从起身到上床，到合眼，就是吃。也许你想杧果或是想外国白果倒要比想老爷更新热、更急。”

…………

陆小曼在吃食上应有尽有，徐志摩尽管劳心劳力，但他宠爱娇妻，更爱她贪吃的娇媚姿态。爱她，不就是满足她，给她想要的一切吗？尽管奔波辛苦，他仍旧心甘情愿地供她吃喝玩乐。

除了吃以外，徐志摩还常常托人为陆小曼购置衣物饰品等。陆小曼爱素净，但素净不等于普通、清寒。她的衣服、鞋袜、手绢多得不计其数。仅一方丝帕，她也要国外名牌，需托朋友从国外带回来。刘海粟出国时，徐志摩便写信请他帮忙：“小曼仍要绸丝帕Don Marche（唐马尔什）的，上次即与梁君同去买，可否请兄再为垫付百方，另买些小帕子寄来，小曼当感念不置也。”

徐志摩倾尽全力，给陆小曼最好的一切，但在陆小曼眼里，这些不过是最平常的生活。她习惯了富贵，习惯了花钱如流水，不知钱为何物。钱是什么？钱就是取之不尽、用之不竭的东西。

既然爱，就要用实际行动证明。她尽情地消费着，比在北京时派头更大。起初，家中财政由陆母掌管，尽管她出身富贵，后来也受不了了：“每月至少得花银洋五百元，有时要高达六百元，这个家难当，我实在当不了。”

陆小曼的干女儿何灵琰回忆说：

> 干娘真是会玩，还带我们去著名的181号赌场，那是一所私人大花园洋房，楼上楼下布置华丽，灯火通明，客人们全是当时社交场合中有名气的人物。我对赌当然一点也不懂，只记得客人可以随意点东西吃，不必付钱，干娘给我点了罐头桃子，那是我第一次吃那样的桃子，觉得好吃得很。

夜幕降临，陆小曼赶一个又一个场。青天白日之下，徐志摩赶一个又一个场，为养活娇妻，备课授课，不知疲倦。

他们似两条平行线，在各自的直线上忙碌着。徐志摩一直渴望与她相交，哪怕一秒钟也好。只是，陆小曼已经很久没有时间坐下来跟他好好交流一番了。

他还记得，他在信中胡诌过几行诗，前几句是：“我心头平添了一块肉，这辈子算有了归宿！看白云在天际飞，听雀儿在枝上啼。忍不住感恩的热泪，我喊一声天，我从此知足，再不想望更高远的天国。”

他曾经给陆小曼写信说：“眉眉，这怎好？我有你什么都不要了。文章、事业、荣耀，我都不要了。诗、美术、哲学，我都想丢了。有你我什么都有了。抱住你，就好比抱住整个宇宙，还有什么缺陷，还有什么想望的余地？”

现在，徐志摩的爱情有了缺陷。他似乎失去了陆小曼，他在找想望的余地。他想告诉她，你该多看我一眼，你的心里，该惦记着我一点。

是环境改变了陆小曼吗？是时间改变了陆小曼吗？都不是。其实，她又何尝不委屈？她身体差，徐志摩又不在身边，让自己开心一点，快乐一点又有什么错呢？

她觉得自己并没有花他太多钱，她只是在过普通人的生活。他一直在奔波劳碌，无休无止，曾经许下的承诺也无法兑现，现实的苍白令人感到无奈。

在她看来，环境和时间，正在改变着他。

爱情病了

这世间最美好的爱情，莫过于两个人不近不远，不前不后，你陪着我，我伴着你。如果非要找出这种爱情的缺陷，便是中间的距离。

佛说，这是娑婆世界，是有缺陷的世界。清朝大儒曾国藩晚年看透此番道理，便给书房取名“求阙斋”，意指人生无法圆满，所以希求一些缺憾。每个人都渴求圆满，穷尽可能弥补遗憾。殊不知，补完旧的遗憾，新的遗憾会随之而来，无法阻挡。

陆小曼来到上海，再一次过起了日夜颠倒的生活。她每天近午起床，中午开始吃早饭；下午绘画、写信、写日记、会客；晚上多半去跳舞、打牌、听戏。等玩累了，才拖着疲倦的身体回家，那时天已快亮。

陆小曼生活不规律，徐志摩颇为不满。他回到家，她正在房间里沉睡。他去上课，她才起床，准备会见朋友。她家里宾客如云，像胡适、江小鹣、邵洵美、张歆海夫妇，以及后来结识的翁瑞午，都是她常招待的朋友。她还喜欢认干女儿，像刚出道的女伶小兰芬、容丽娟、马艳秋、马艳云、花翠兰、花玉兰、袁美云、袁汉云等。她出手阔绰，给过小兰芬点翠头面，给过袁汉云和袁美云姐妹丝绒旗袍，而其他干女儿的礼物，也不会太差。

陆小曼我行我素、毫无拘束，这让沉默、忍让、压抑已久的徐志摩情绪终于爆发了。他开始规劝她："因为我认定奢华的生活不是高尚的生活。爱，在简朴的生命中，是有真生命的，像一朵朝露浸着的小草花；在奢华的生活中，即使有爱，不能纯粹，不能自然，像是热屋里烘出来的花，一半天就会衰萎的忧愁。"

习惯了纸醉金迷、奢靡成风的生活，陆小曼又怎能听得进劝？她在北京可是红极一时的名媛，来到上海再一次成为光芒万丈的红人。她喜欢被人追捧，喜欢舞台与光影，更喜欢《上海画报》在她照片上写下的注解："北方交际界名媛领袖陆小曼女士。"

由俭入奢易，由奢入俭难。月下饮酒、焚香弹琴、赌书泼茶的日子已与陆小曼渐行渐远。她固然可享世外清欢，可她到底出身富贵，繁华热闹才是她的世界。

她就是她，不为任何人改变，也不为任何人低眉。她不似林徽因，纵然爱过，但终究被迫转身；更不似张幼仪，为爱甘愿隐忍与付出。

她在现世中放纵尽兴，尽情地演绎着人生，同时也开始学着演绎戏中的人生。

1927年夏，陆小曼受“慰劳北伐前敌兵士会”邀请，开始登台献艺。她唱了一出昆曲《思凡》、一出京戏《汾河湾》。因为排练辛苦，所以有人说陆小曼“每回一练戏就头昏，一上装就要呕”。纵然身体抱恙，她仍旧坚持着演完了整出戏。她的付出得到了众人的赞叹。

周瘦鹃看完表演后，特地写了一篇《小曼曼唱》：

> 这回妇女慰劳会请诗人徐志摩先生的夫人陆小曼女士表演《思凡》。徐夫人本是个昆剧家，而于文学和艺术上都有根底的。在排演时，我曾去参观，不由得欢喜赞叹，觉得伊一颦一笑、一言一动、一举手一投足之间，都可以显出这小尼姑是个佛门中富有浪漫思想的奇女子、革命家，不再是那种呆木、太平凡的在佛殿上念佛修行的尼姑了。要是召集了普天下的比丘尼，齐来领略小曼女士的曼

唱，我知道伊们也一定要扯了袈裟、埋了藏经、弃了木鱼、丢了铙钹，纷纷下山去寻那年少哥哥咧。像这样的唱和演，才当得上“神化”二字，才值得我们的欢喜赞叹。

尼姑思凡，去寻少年哥哥。可陆小曼的“哥哥”，却终日郁郁寡欢，一点也不欢喜，更不赞成她演戏。她有慵懒病，一练戏身体便不舒服，“哥哥”怎能不担心，不心疼。他说：“曼的身体最叫我愁。一天二十四时，她没有小半天完全舒服，我没有小半天完全定心。”为了她，他寻遍上海名医，四处搜寻药方，始终不能治愈她。

陆小曼身体不好，徐志摩不愿她演戏，开始劝她在素养、绘画、写诗方面下些功夫。陆小曼一开始照办，可每写几笔、画几笔，便嚷着身体难受，徐志摩只好作罢。为了迎合陆小曼，徐志摩只好另辟蹊径，一个人想，一个人写。于是，才有了他们共同创作的《卞昆冈》。据说，此剧本故事由陆小曼构思，徐志摩执笔。

陆小曼会演戏的名声一旦打出去，新的邀请便接踵而来。徐志摩见再也管不住她，只好由她去了。

1927年冬，陆小曼受江小鹣和翁瑞午之邀，演了一出《玉堂春》。这次，陆小曼不仅自己要演，还拉上了徐志摩。他为博爱妻一笑，只好硬着头皮凑了个角色。这场演出再次获得成功，徐志摩却无论如何也高兴不起来。

他说：“我情愿，在冬至节独自到一个偏僻的教堂里去听几首圣诞歌，但我却穿上了臃肿的袍服上舞台去串演出不自在的‘腐’戏。我想在霜浓月淡的冬夜独自写几行从性灵暖处来的诗句，但我却跟着人们到涂蜡的跳舞厅去艳羡仕女们发金光的鞋袜。”

他问她：“眉，你我几时到山中做神仙去？”

他又劝她不该不知疲倦地玩乐：“为什么你不肯听我的话，连极小的事情都不依从我——倒是别人叫你上哪儿你就梳头打扮了快走。……你这无谓的应酬真叫人不耐烦，我想想真的气，成天遭强盗抢。”

爱情，不是两个人情投意合就足够，还要有共同的价值观。陆小曼喜欢的，徐志摩统统不喜欢；徐志摩喜欢的，陆小曼偏偏不爱做。她不听，也不看，依旧我行我素。

随着陆小曼的名气越来越大，朋友越来越多，另一个男人正悄悄走入她的生命中。此前，他们只是普通朋友，徐志摩丧生后，他照顾她三十余年，供她吃穿，为她推拿按摩，伴她余生孤独岁月。

他叫翁瑞午，是民国多情的才子。他家财万贯，会唱京戏、能画画、懂得鉴赏古玩。他为人聪明风趣，平生有两大爱好：抽鸦片，追女人。他家有贤妻，却与一名女学生生下一名私生女。他随丁凤山学习中医推拿，每当陆小曼病痛发作，徐志摩便请来翁瑞午为陆小曼按摩，每次都手到病除。

陈定山在《春申旧闻》中写道：

> 陆小曼体弱，连唱两天戏便旧病复发，得了昏厥症。翁瑞午有一手推拿绝技，是丁凤山的嫡传，他为陆小曼推拿，真是手到病除。于是，翁和陆之间常有罗襦半解，妙手抚摩的机会。

为了给陆小曼治病，即使她与其他男子亲密，徐志摩亦不生醋意，对他感激不尽。翁瑞午见陆小曼太过痛苦，为了减轻病痛，叫她吸食鸦片。此后，鸦片陆小曼一吸便是二十多年。

陆小曼说："我是多愁善病的人，患有心脏病和严重的神经衰弱，一天总有小半天或大半天不舒服，不是这里痛，就是那里痒，有时竟会昏迷过去，不省人事。……喝人参汤，没有用；吃补品，没有用。瑞午劝我吸几口鸦片烟，说来真神奇，吸上几口就精神抖擞，百病全消。"

日夜颠倒、慵懒随性、铺张挥霍，即使是完全健康的身体，也会因这些恶习落下严重的病根，更何况是从小体弱多病的陆小曼。徐志摩这下真急了。为了她好，劝她戒掉鸦片。

陆小曼也急了，委屈地向王映霞诉苦：

照理讲，婚后生活应该过得比过去甜蜜而幸福，实则不然，结婚成了爱情的坟墓。志摩是浪漫主义诗人，他所憧憬的爱，是虚无缥缈的爱，最好永远处于可望而不可即的境地，一旦与心爱的女友结了婚，幻想泯灭了，热情没有了，生活便变成白开水，淡而无味。志摩对我不但没有过去那么好，而且干预我的生活，叫我不要打牌，不要抽鸦片，管头管脚，我过不了这样拘束的生活。我是笼中的小鸟，我要飞，飞向郁郁苍苍的树林，自由自在。

婚姻不是爱情的坟墓，彼此不懂才是。张爱玲说，因为懂得，所以慈悲。因为不懂，即使深爱对方，也会成为对方的负担。对方不懂这份爱，就会导致爱在婚姻里消磨殆尽。

婚姻的坟墓，是两个互不理解的人自掘而成。

陆小曼对徐志摩怨气重重，是他们这段感情分崩离析的开始，亦是婚姻出现争吵的开始。后来，陆小曼尤其不能忘记，她与他大打出手，使得他负气出走，遭遇意外失事身亡，这件事成为她终生的遗憾。至死，他都渴望与她握手言和，回到最初。可是，这不可能实现了，因为，他们已经越走越远。

Chapter 05

生活，是别离的笙箫

许多人认为，平平淡淡才是真，才是生活的本质。然而，所谓的平平淡淡是相对的。对于平凡百姓，一箪食，一瓢饮，已是幸福的日子；对于富贵人家，灯红酒绿、花天酒地，才是平凡的日子。陆小曼的平凡，是常人的不平凡；常人的平凡，可能是她的灾难。然而，对徐志摩来说，生活却始终只有无尽的阴沉与黑暗。

灵魂与灵魂再也不能碰撞

徐志摩说："爱是人生最伟大的一件事实，如何少得了一个完全，一定得整个换整个，整个化入整个，像糖化在水里，才是理想的事业，有了那一天，这一生也就有了交代了。"世间的人，谁不渴望一份完全、整个的爱？可造化弄人，你遇到他时，他偏偏心有所属，或已经历几多沧桑。

每个人都是有故事的人，包括林徽因、陆小曼，以及徐志摩。

徐志摩穷尽一切可能，只为寻找一份完整的爱。他说，有了那一天，这一生也就有交代了。可陆小曼却说，他的爱情太过浪漫主义，永远处于可望而不可即的境地。

两个相爱的人，正渐行渐远，再也回不到当初。他日夜关心她的病痛，担心她的安危，怕她蹉跎岁月。她越来越讨厌他的管制，受不了他的约束，只想解脱。

陆小曼曾经为爱付出的努力，换来的结局只像那两句悲凉的诗："此情可待成追忆，只是当时已惘然。"

陆小曼爱戏，徐志摩何尝不爱戏，否则又怎会与她因戏相遇相知；陆小曼喜欢宴请朋友，徐志摩又何尝不想与朋友们聊哲学、艺术、文学；陆小曼寂寞时拼了命折腾，徐志摩又何尝不想与她日夜相守……他想，他都想。只是他看不惯陆小曼堕落，更看不惯她将大把时间浪费在毫无意义的交际上。

王赓也不喜欢陆小曼交际，可她还不是我行我素，照旧活跃于舞池？他是徐志摩，是懂她、爱她、一切顺遂她心愿的夫婿。可在陆小曼看来，不知何时，他竟变得跟王赓一样啰唆，与她处处作对。

爱情是徐志摩的全部，却不是陆小曼的全部。爱情只是她生命中的一部分，她要花更多的时间用于生活。

排演《玉堂春》时，陆小曼演苏三，翁瑞午演王景隆，江小鹣演蓝袍，徐志摩演红袍。这出戏，陆小曼和翁瑞午对戏最多，两人一唱一和，极为默契，令观众分不清戏里戏外。无聊小报见状，对此事大肆报道，给陆小曼的名声造成了严重的损害。由于文章太过下流，引起了租界巡捕房的干涉，以攸关风化为名进行了检举，陆小曼和翁瑞午的绯闻这才终止。

徐志摩相信陆小曼是爱他的，尽管他们在舞台上有不妥当的行为，可都是为了戏。他对她的爱已超出平常夫妻，他允许翁瑞午与她同卧一个烟榻，允许他们眉来眼去地唱戏、同赏字画。

他明白，陆小曼的身体太差，离不开翁瑞午的治疗，她的病痛也离不开鸦片。所以他看着她在堕落，却无计可施。他一再地纵容，无形中给家庭增添了更多负担，生活也更加烦乱和琐碎。翁瑞午知道徐志摩的困境，对他们夫妇总是慷慨解囊，不惜变卖古董字画讨陆小曼欢心。

吸食鸦片以前，陆小曼偶尔抱怨徐志摩不陪她；吸食鸦片以后，陆小曼恨不得徐志摩不在家，省得总是管着她。没有约束，她才能自由自在。

关于翁瑞午和陆小曼的流言蜚语越来越难听，徐志摩面对别人的探问时，只能表现得毫不在乎："这是医病，没有什么嫌可避的……男女的情爱，既有分别，丈夫绝对不许禁止妻子交朋友，何况芙蓉软榻，看似接近，只能谈情，不能做爱。所以男女之间，最规矩、最清白的是烟榻，最暧昧、最嘈杂的是打牌。"

陆小曼对爱情着迷，也对世间的物质着迷，这令她快乐至极，她不能舍，不能丢。她并非不懂珍惜，实在是世间诱惑太多，她想拥有所有。

在徐志摩看来，这一口一口地吞云吐雾，会导致陆小曼的身体变得更差，会让她的灵魂慢慢地变得空洞。多少次，他疲倦地回到家，看到陆小曼和翁瑞午在烟榻上已睡下，他只好跟着躺下来，沉沉地睡去。

事已至此，他再不能说什么。他得到了爱情，失去了灵魂；她得到了“灵魂”的释放，也在渐渐地失去爱情。

徐志摩在北京教书，有一位叫俞珊的女学生颇为仰慕这位多情的才子老师。徐志摩来到上海后，她又追过来，目的已十分明显。俞珊靠近徐志摩，引起了陆小曼的注意，她不允许别人接近他，与他大吵起来。

《春申旧闻》中如此写道：

> 有俞珊者，健美大胆，话剧修养很高，是余上沅的学生，她崇拜志摩也崇拜小曼，她为演《卡门》，常住徐家，向志摩请教。她又要学《玉堂春》，向瑞午请教。志摩是无所谓的，小曼却说她肉感，论俞珊却有一种诱人的力量。因此，小曼常和志摩吵。志摩说：“你要我不接近俞珊很容易，但你也管着点俞珊呀！”小曼说：“俞珊只是茶杯，茶杯没法儿拒绝人家不斟茶的。而你是牙刷，牙刷就只许一个人用，你听见过有和人共用的牙刷吗？”

陆小曼与徐志摩大吵，让他在朋友面前失了面子。他对俞珊不过是师生情，陆小曼的小题大做令他产生了前所未有的厌烦。他不明白，女人都是敏感的，不是女人心眼小，实在是女人对暧昧有着超乎寻常的敏锐感知力。

徐志摩对女人的“来者不拒”，让陆小曼很不舒服。原来，生活可以磨灭一个人的爱，可以磨灭所有的新鲜感，可以让甜蜜无比的爱情变得苦涩万分。她一直认为，是他变了，她踏进了坟墓，成为爱情的牺牲品。

这不能怪陆小曼多心，实在是徐志摩做事缺乏分寸。

徐志摩曾倾心于韩湘眉，她是留美归来的才女，每次见面结束之后便要与徐志摩吻别。这样的方式，可能在留学生之间不算什么，陆小曼却最受不得。所以，每次徐志摩出门前要与陆小曼吻别时，她坚决不从。她甚至讥笑道：“只有韩湘眉这样的人才会有那一种做派……”

她的醋坛子打翻了。无论哪位女子凑上前来，她一定会冲过去激烈相对。徐志摩专情，但也多情；陆小曼看似“多情”，但颇为专情。徐志摩去世后，她委身于翁瑞午，有人误会她对他有情，她却说，她对翁瑞午并无爱情，只有感情。

爱情，是心里住着对方；感情，是习惯了对方的陪伴。徐志摩不回家，她身边不离不弃的只有翁瑞午。他陪她吸食鸦片，陪她作画，更像哄孩子似的哄着她。

陆小曼的干女儿何灵琰回忆道：

> 他和干娘的嗜好也许更相同一点，他们都抽大烟，都是日夜颠倒，又都会唱京戏，拍昆曲。翁干爹更是精明仔细，善体人意，在干娘身上处处留心体贴。我对他反比对徐干爹认识得更清楚一点，一来他在陆家的时候好像比徐干爹在家的时候多，差不多天天报到；二来他比徐干爹更会哄孩子。记得他是个瘦长脸，白白的，总是穿长袍，黑缎鞋，北方话还说得不错，人很活络也很风趣。现在想想这个人也算多情，他对干娘真是刻意经心，无微不至。

女人需要爱情，也需要被宠爱。宠爱，不是爱对方就好，而是理解对方、能给予对方想要的一切。翁瑞午一生爱她、宠她，徐志摩爱她，却只宠了她一时。他一次次说爱她，却又一次次地伤她的心。

1931年6月25日，徐志摩给陆小曼写信说："说起我此来，舞不曾跳，'窑子'倒是去过一次，是老邓硬拉去的。再不去了，你放心。"

同年10月1日，他又在信中忏悔：

> 晚上，××等在春华楼为胡适之饯行。请了三四个姑

娘来，饭后被拉到胡同。对不起，好太太！我本想不去，但××说有他不妨事，××病后性欲太强，他在老相好鹣鹣处又和一个红弟老七生了关系。昨晚见了，肉感颇富。她和老三是一个班子，两雌争××，醋气勃勃，甚为好看。

徐志摩之所以敢于跟陆小曼坦白，不过是认为他干净的灵魂并未因此事受到污染。在他看来，对于男人，性永远不算什么。可对女人来说，这是一种无声的背叛。她不原谅，是她小气；她原谅，又多么地虚情假意……

前有林徽因，后有韩湘眉、俞珊，陆小曼真的累了。曾经，她是红遍京城的一代名媛，如今风采依旧，甚至更有风韵，却终究抵不过爱情中的相守。她在他的生命里，曾经灿烂一时，如同他那一时的宠爱，如今，一切都该散去了。

徐志摩一心追求整个的爱，那么他给了陆小曼吗？

在陆小曼看来，既然感情如此伤人伤己，与其争来斗去，不如卧于烟榻，吞云吐雾。即使它如梦似幻，也胜过纷纷扰扰。

婚姻中，爱情的分量变轻

佳人，是否只有在梦里才温婉动人、风情万种？可以幻想她所有美好的模样：美艳、朴素、柔软、雅静；才子，是否只有在远方，才情意绵绵、柔波轻漾？可以思念他所有美好的过往：痴情、浪漫、洒脱、缠绵。

自古才子配佳人。可多少才子佳人，终成一声叹息，落得凄凉的结局。

陆小曼的生活里，再也不需要徐志摩。他们观念相悖，频繁争吵，徐志摩太累了，开始想念国外的空气。

恩厚之上次从英国汇来二百五十英镑差旅费后，徐志摩还没有履行承诺去国外游学。他想给泰戈尔一个交代，便以看望泰戈尔为由，乘坐加拿大轮船“皇后”号离开了上海。

1928年6月16日，徐志摩乘船离开，实现了人生第三次旅行。有人说，徐志摩此番离开是因为家中烦闷，陆小曼奢靡无度；有人说，是因为他怀念林徽因，想借此机会故地重游。但不管何种原因，他的心里始终放不下陆小曼。

刚离开没多久，他便写信给陆小曼说："我一定每天给你写（信），只怕你现在精神不好，信过长了使你心烦。我知道你不喜欢说哲理话，但你知道你哥哥爱是深入骨髓的。"

离家一周后，他又写道："昨天我想你极了，但提笔写可又写不上多少话；今天我也真想你，难过得很，许是你也想我了。"

不久，他再一次向她诉说情话："曼，你想我不？你身体见好不？你无时不在我切念中，你千万保重，处处加爱……"

……

一封又一封情意缠绵的信件纷至沓来。陆小曼看完，随手丢到一旁。她很少回信，也极少再说相思之语。他是一个浪漫的诗人，他深爱的妻子，是一个幻想、一个不存在的人。

他似乎只有离开以后才顾念她的好，思念她成痴成疾。回忆过往，他写过太多太多表达情意的信，可他也伤过她的心。对于爱情，她早已看透，她已不是当初那个痴傻的少女。他离开后，她的生活并没有发生任何改变，依旧是与翁瑞午一起吸食鸦片，共同出入高级舞厅和赌场。

不知何时，陆小曼已习惯徐志摩不在身边。徐志摩出国游学与在北京工作，有什么区别呢？他都是去了远方。

他又开始婆婆妈妈地劝她：

> 我愈想愈觉得我俩有赶快wake up（觉醒）的必要。上海这种疏松生活实在是要不得，我非得把你身体先治好，然后再定出一个规模来，另辟一个世界，做些旁人做不到的事业，也叫爸娘吐气。
>
> 我到年纪了，再不能做大少爷，马虎过日，近来感受种种的烦恼，这都是生活不上正轨的缘故。曼，你果然爱我，你得想想我的一生，想想我俩共同的幸福；先求养好身体，再来做积极的事。一无事做是危险的，饱食暖衣无所用心，绝不是好事。你这几个月身体如能见好，至少得赶紧认真学画和读些正书。要来就得认真，不能自哄自，我切实地希望你能听摩的话。你起居如何？早上何时起来？这第一要紧——生活革命的初步也。

徐志摩没完没了，唠唠叨叨，虽然一心想要解脱他人，却从不关心被解脱者的感受。这世间，并非所有人都想立志做事业，有的人只想安稳地度过一生。对陆小曼来说，饱食暖衣足矣，她并不需要做一番成就来证明自己什么。

甲之蜜糖，乙之砒霜。陆小曼的天堂，在徐志摩眼里宛如泥淖；徐志摩眼中的天堂，在陆小曼眼中又何尝不是沼泽？

后来，她在《云游·序》中写道：

我真是说不出的悔恨为什么我以前老是懒得写东西。志摩不知逼我几次，要我同他写一点序，有两回他将笔墨都预备好，只叫随便涂几个字，可是我老是写不到几行，不是头晕即是心跳，只好对着他发愣，抬头望着他的嘴盼他吐出圣旨来我即可以立时地停笔。那时间他也只得笑着对我说：'好了，好了，太太我真拿你没有办法，去耽着罢！回头又要头痛了。'走过来掷去了我的笔，扶了我就此耽下了，再也不想接续下去。

有人能在写作中获得快感，有人提笔便心跳头晕。陆小曼在写作中感受不到快乐，只有一阵阵的心酸。所以，她不喜欢徐志摩逼她做事。她并非无用武之地，只是徐志摩眼中的事业不适合她。当年，她是首屈一指的社交高手，是敢于与外国人抗衡的有志女子，这才是她的闪光点。

人应该做自己擅长的事，而不是别人眼中对的事。

徐志摩此番去欧洲，先取道日本、美国，再横渡大西洋去往英伦与欧洲大陆，最后穿越地中海到达印度，与泰戈尔在那里会面。

1928年夏，徐志摩再次抵达康桥，写下了著名的《再别康桥》：“……轻轻的我走了，正如我轻轻的来，我挥一挥衣袖，不带走一片云彩。”

浪漫的诗句，浪漫的康桥，让他想起在这个地方还有一个浪漫的梦。“相同的夜让相同的树林泛白，彼时，我们也再不相似如初。”时间残忍又慈悲，残忍地将林徽因送走，慈悲地将陆小曼送到他身边。

这一年，林徽因嫁给梁思成。

若不是来到康桥，徐志摩断然不会有这番感慨。物是人非，人已走远，康桥还是那个康桥，他却再也不是曾经的他。

徐志摩和林徽因，也就到此为止，不能再进一步了。他还有陆小曼。徐志摩离开马赛时给陆小曼写信，字里行间充满爱意：

> 这两星期除了看书（也看了十来本书），多半时候，就在上层甲板看天看海。我的眼望着极远的天边。我的心也飞去天的那一边。眉你不觉得吗，我每每凭栏远眺的时候，我的思绪总是紧绕在我爱的左右，有时想起你病态可怜，就不禁心酸滴泪。每晚的星月是我的良伴……乖眉，我想你极了，一离马赛，就觉得归心似箭，恨不能一脚就

往回赶。

徐志摩总有爱围绕左右，而陆小曼也总有更大排场的生活围绕左右。他以为此番离开，定能坚定她做事业的心，给他们的关系带来一丝转机。但不承想等他回到家，迎接他的依旧是从前的陆小曼。她不想写字，不愿画画，只想花钱玩乐，整日沉沦烟榻。她的身体更糟糕，灵魂更堕落，精神也病了。

他一直用爱、用情、用笔、用真挚的感情呼唤她，期望她能如初遇他时一样，期望将她的灵魂唤醒。然而，如今早已物是人非，她对爱情早已厌倦了。他的爱再不能唤醒她，情书也不能。他这次远游，共写下一百封信，陆小曼只存下七封，其余不知下落。

后来，徐志摩回忆这一段时光，仍是满心伤痛：

> 你初沾上恶习的时候，我心里不知有几百个早晚，像有蟹在横爬，不提多么难受。但因你身体太坏，竟连话都不能说。我又是好面子，要做西式绅士的。所以至多只是短时间绷着一个脸，一切都郁在心里。如果不是我身体茁壮，我一定早得神经衰弱。我决意去外国时是我最难受的表示。但那时万一希冀是你能明白我的苦衷，提起勇气做

人。我那时寄回的一百封信，确是心血的结晶，也是漫游的成绩。但在我归时，依然是照旧未改；并且招惹了不少浮言。我亦未尝不私自难受，但实因爱你过深，不惜处处顺你从着你。也怪我自己意志不强，不能在不良环境中挣出独立精神来。

陆小曼不在乎流言蜚语，也不再相信徐志摩的爱。他的爱正如她所说，是一种自私的爱，只愿她提起勇气做人，从不肯为她的痛处着想。她难受，不吸食鸦片如万蚁噬骨，这种痛他懂吗？她放不下她的戏和阿芙蓉，就像徐志摩放不下他的诗文和情爱。

鸦片毁了陆小曼，让她的牙齿泛黄、容颜憔悴，已不复当年风采。翁瑞午也在摧毁着她的名声。他们整日共卧一张烟榻，他又有手到病除的推拿手艺，不发生什么谁信呢？

陆小曼对流言蜚语置若罔闻，徐志摩也不敢问什么。他把质问、猜忌、恼怒都闷在心里，忍受着所有的苦楚，只能偶尔向朋友诉说。

鸦片是一种毒，爱情也是一种毒。徐志摩上了爱情的瘾，陆小曼上了鸦片的瘾。这对才子佳人，在各自的道路上前行着。

他们的爱情，已成一声叹息。

总要有个人挑起生活的重担

生活到底是什么？是柴米油盐酱醋茶，还是浪漫诗意奢华，抑或是去无尽的远方，终生在路上？不同的人对生活有不同的定义，但无论喜欢哪种生活，都离不开一点——生活，终究离不开物质基础。

许多人认为，平平淡淡才是真，才是生活的本质。然而，所谓的平平淡淡是相对的。对于平凡百姓，一箪食，一瓢饮，已是幸福的日子；对于富贵人家，灯红酒绿、花天酒地，才是平凡的日子。陆小曼的平凡，是常人的不平凡；常人的平凡，可能是她的灾难。然而，对徐志摩来说，生活却始终只有无尽的阴沉与黑暗。

1928年5月29日，徐志摩写了一首名叫《生活》的诗：

阴沉，黑暗，毒蛇似的蔓延，
生活逼成了一条甬道：
一度陷入，你只可向前，
手扪索着冷壁的粘潮，
在妖魔的脏腑内挣扎，
头顶不见一线的天光
这魂魄，在恐怖的压迫下，
除了消灭更有什么愿望？

徐志摩出身豪门大户，自小也不知钱为何物。于他而言，他的身后有父亲这座大山，只要他伸手要什么，父亲一定全力满足。少了生活的焦灼，他才有精力打拼事业，创作诗歌。后来，他娶了陆小曼，徐父断了他的经济来源，徐志摩这才沦为生活的奴隶，四处授课。

陆小曼来到上海出尽风头，里里外外哪样不需要钱？徐申如盘算着费用，心疼儿子为钱奔波。

徐志摩出国后，徐申如找过陆小曼，对她说：

“你没必要这样一个人守着一间大房子，何不把车子停在车库，只留一个用人看房子，过来和我们一起住乡下？”陆小曼不接话，徐申如大怒，气得回了老家。徐志摩回国后，徐父对他抱怨陆小曼：“我已经决定不再和你老婆讲话了，如果她不搭理我，我又何必想办法善待她？”此后，徐父徐母来只通知徐志摩前去相见，陆小曼跟过去，徐父则急忙避开，只留徐母一人接见。后来徐母过世，陆小曼以儿媳身份前往祭奠，徐父将她拒之门外，而张幼仪却以干女儿的身份参加了葬礼。陆小曼深受打击，给徐志摩写信说：“你通同他人来欺负我！你家欺我太甚。”

面对徐父的冷漠与无情，徐志摩也毫无办法，只能说些宽慰陆小曼的话。然而，这些在她看来，却是那么可笑。她一心想要的幸福，到头来却让她失望至极。不是公婆对她不满，就是徐志摩对她胡乱指责，这一切难道是她想要的吗？

她也委曲求全过，也有心侍奉公婆当个好儿媳，可他们从未给过她任何机会。许多年后，对于这些琐碎的事，陆小曼还是不能释怀。

她对王映霞说：

徐家公婆把志摩与幼仪的离婚，归咎于我，这是大大的冤枉。他们离婚是1922年，我与志摩相识于1924年，其间间隔两年，他们的事完全与我无关，但他们对我不谅解。公公视我如仇人，结婚几年，还不允许我见婆婆的面。映霞，我是在矛盾中生活，也是在痛苦中生活。“问君能有几多愁，恰似一江春水向东流。”我以最大的勇气

追求幸福，但幸福在哪儿呢？是一串泡影，转瞬之间，化为乌有。

徐父不喜欢陆小曼，并非因徐志摩和张幼仪离婚，而是不喜欢整日花钱大手大脚的儿媳。他喜欢张幼仪，是因为她知书达礼、孝敬公婆、相夫教子。她是完美儿媳的典范，是女人的榜样。然而，陆小曼与张幼仪相反，她一心只为活出自我，只求人生得意须尽欢。

她的享乐主义，让徐志摩痛苦不堪。她的应酬，她的鸦片，给徐志摩带来了无法承受的压力。为了赚更多的钱，徐志摩只好辞去南京中央大学教授职务，到北京大学任教授，同时兼任女师大的教授。少了两地奔波，也能省下些路费。事实上，徐志摩心里还有另外的盘算。他想着，如果北上，能把陆小曼接过来，这样她也就远离了上海那个纸醉金迷之地，加上一帮朋友吃喝聊天，说不定能恢复她的意志。

来到北京，徐志摩暂时借住在胡适家。他孤身一人，生活全靠胡太太照料。

他在信中写道："胡家一切都替我预备好，被窠等等一应俱全。我的两件丝棉袍一破一烧，胡太太都已替我缝好。"

徐志摩的生活，令人心酸不已。陆小曼在上海吃喝玩乐、花天酒地，徐志摩却陷入"两件棉袍一破一烧"的窘境。后来的信中，他常常提到钱，情况也更差了：

> 钱的问题，我是焦急得睡不着。现在第一盼望节前发薪，但即节前有，寄到上海，定在节后。而二百六十元期转眼即到，家用开出支票，连两个月房钱也在三百元以上，节还不算。我不知如何弥补得来？借钱又无处开口。我这里也有些书钱、车钱、赏钱，少不了一百元。我真是踌躇极了。本想有外快来帮助，不幸目前无一事成功，一切飘在云中，如何是好？钱是真可恶，来时不易，去时太易。我自阳历三月起，自用不算，路费等等不算，单就付银行及你的家用，已有二千零五十元……眉眉，你如能真心帮助我，应得替我想法子，我反正如果有余钱，也决不自存。我靠薪水度日，当然梦想不到积钱，唯一希冀即是少债……你我是天成的一对，都是不懂得经济，尤其是时间经济。关于家务的节省，你得好好想一想，总得根本解决车屋厨房才是。……眉眉亲爱的，你想我在这情形下，张罗得苦不苦？同时你那里又似乎连五百都不够用似的，那叫我怎么办……

为了节约路费，每次徐志摩回家常搭乘别人的免费飞机。陆小曼怕有危险，徐志摩只好说：“你也知道我们的经济条件，你不让我坐免费飞机，坐火车可是要钱的啊，我一个穷教授，又要管家，哪儿来那么多钱去坐火车呢？”

陆小曼关心他，他竟哭穷，她心里也难过，只好说：“心疼钱，那你还是尽量少回来吧！”不过，徐志摩还是很喜欢回家，仅1931年上半年，他就在上海和北平两地之间来回奔波了八次。

生活艰难，徐志摩一直在苦苦支撑着。他一面给她讲生活之苦，一面劝她北上。“我是个痴子，你素来知道的。你真的不知道我曾经怎样渴望和你两人并肩散一次步，或同出去吃一餐饭，或同看一次电影，也叫别人看了羡慕。但说也奇怪，我守了几年，竟然守不着一单个的机会，你没有一天不是engaged（有约会）的，我们从没有privacy（私生活）过。”

徐志摩一次次诉苦，一次次劝她北上，陆小曼死活不肯答应。她多次在信中责备徐志摩的狠心，明明是他抛下多病的她独自快活，怎能说是她不陪他呢？徐志摩只好解释说，上海的环境与生活会毁了她，可对陆小曼来说，北平的生活才枯燥无味。

1931年3月19日，徐志摩写信给陆小曼：

你能明白我的苦衷，放我北来，不为浮言所惑，亦使我对你益加敬爱。你来信总似不肯舍去南方。……你的困难，由我看来，决不在尊长方面，而完全是积习方面。积重难近，恋土情重是真的。（说起报载法界已开始搜烟，那不是玩！万一闹出笑话来，如何是好？这真是仔细打点的时机了。）……我对你的爱，只有你自己知道……

可陆小曼还是不肯。她想要的生活，并非写作、绘画，也不是与徐志摩朝夕相伴。她在这段婚姻生活里已身心俱疲，再也感受不到爱。爱并非纸上写一写，嘴上说一说，而应该是如她所愿，让她舒服自在。在她看来，他再也不是那个懂她的人，他只想把她关进牢笼锁起来，独自欣赏把玩。

徐志摩为了养活陆小曼，每日上班挣钱，上课补课，写稿写诗，甚至做起了房产中介生意，只为多赚点钱。朋友见徐志摩如此辛苦，纷纷劝他离婚，胡适夫妇也赞同。在外人看来，只有让陆小曼吃点苦头，她才懂得徐志摩的好。但徐志摩不肯，仍旧愿意等她“回头是岸”。

后来，徐志摩每次提出北上，陆小曼都坚决地拒绝。慢慢地，徐志摩开始不温和起来：

我想到你那儿乱，我就没有勇气写好信给你。前三年我去欧美、印度时，那九十多封信都到哪里去了？那是我周游的唯一成绩，如今亦散失无存，你总得改良改良脾气才好。我的太太，否则将来竟许连老爷都被你放丢了的。……老爷是一只牛，他的唯一用处就是做工赚钱。“牛”这两星期不但要上课还要补课，夜晚又不得睡，心里也不舒泰。

看到徐志摩如此委屈，陆小曼也会说上几句亲热的话，宽慰宽慰他。再来信，他立刻变了口气。可是，他们之间的问题并没有得到解决。关于北上的事，她早就烦了，而她更懒于去北平做一个操持家务的好太太。

陆小曼有一次很决绝地写道：

顷接信，袍子是娘亲手放于箱中，在最上面，想是又被人偷去了。家中是都已寻到，一件也没有。你也须察看一下问一问才是，不要只说家中人乱，须知你比谁都乱呢。现在家中也没有什么衣服了，你东放两件西放两件，你还是自己记记清，不要到时来怪旁人。我是自幼不会持家的，家里也一向没有干净过，可是倒也不见得怎样住不惯，像我这样的太太要能同胡太太那样能料理老爷是恐怕有些难吧，天下实在很难有完美的事呢。玉器少带两件也好，你看着办吧。既无钱回家何必拼命呢，飞机还是不坐为好。北平人多朋友多玩处多，当然爱住，上海房子小又乱地方又下流，人又不可取，还有何可留恋呢！来去请便吧，浊地本留不得雅士，夫复何言！

陆小曼真正生气的原因是，他娶她之前，她本就是懒散、不会持家、爱吃喝玩乐的女人，那时，他把她捧在手心，视她为诗灵，她也是雅士中的一员。而现在，她在他眼中已是堕落、颓废、乌七八糟的形象。是她不够好吗？是她变了吗？为什么她的优点，他曾经喜欢的习性，竟变成了缺点？至于鸦片，她也是为了治病，他又为何不懂她的痛？

终于，徐志摩也生气了。1931年6月25日再写信时，大有分道扬镳之势：

你一定要坚持的话，我当然也只能顺从你。但我既然决定在北大做教授，上海现时的排场我实在担负不起，夏间一定得想法布置。你也得原谅我，我一人在此亦未尝不无聊，只是无从诉说。人家都团圆了，叔华已得通伯，徽因亦有了思成，别的人更不必说常年常日不分离的。就是你我，一南一北。你说是我甘愿离南，我只说是你不肯随我北来，结果大家都不得痛快。但要彼此迁就的话，我已在上海迁就了这多年，再下去实在太危险，我有什么法想？明知勉强的事是不彻底的。所以看情形，恐怕只能各行其是。

此信如此决绝，陆小曼也很伤心。他想要的爱，她给不了；他想要的恩爱情长，她亦不愿付出。她哪里还会爱，也哪里还爱得起来？她鼓起所有勇气得到的一切，与之前到底又有什么不一样？

徐志摩到底心软，依旧供着陆小曼的排场。她是他的妻，他又怎能真的放手不管。

“我是穷得寸步难移；再要开窟窿，简直不得了，你是知道的（大雨搁浅，三百渺渺无期）。”

“你送兴业五百元是哪一天？你即告我。因为我二十以前共送六百元付账，银行二十三来信，尚欠四百元，连本月房租共欠五百有余。如果你那五百元是在二十三以后，那便还好，否则我又该着急得不得了！请速告我。”

“车怎样了？绝对不能再养的了！”

“明日我叫图南汇给你二百元家用（十一月），但千万不可到手就宽，我们的穷运还没有到底；自己再不小心，更不堪设想。我如有不花钱的飞机坐，立即回去。不管生意成否。我真是想你，想极了！”

…………

永远都是钱。若不是为了钱，他不会北上，也不会逼得她说出决绝的话。她确实不爱富贵，因为她自小富贵无忧，只管挥霍，从没问过钱何处来，更没为房租、手绢、吃食算计过。富贵已使她不知人间疾苦，不知有何必要为钱发愁。

在陆小曼眼中，这就是日常生活，如果她爱富贵，应该往更奢华里走，可是她没有。

她嫁给爱情，却没想到这样苦。这绝不是她想要的结果。不过，徐志摩却无怨无悔，直到临终前，他还在为生计奔波。

失落让他想起了林徽因

或许陆小曼说的是对的，得不到的永远在骚动，得到后却不加珍惜。

张爱玲早就看透了这一点，所以才说出了惊世名言："也许每一个男子全都有过这样的两个女人，至少两个。娶了红玫瑰，久而久之，红的变了墙上的一抹蚊子血，白的还是'床前明月光'；娶了白玫瑰，白的便是衣服上沾的一粒饭黏子，红的却是心口上一颗朱砂痣。"

陆小曼是那朵娇艳的红玫瑰，徐志摩娶了她，她变成了墙上的一抹蚊子血。徐志摩的心里住着一朵白玫瑰，那朵花还在他的心头，摇曳着，充满诗意。

徐志摩一直没有忘记林徽因。他和陆小曼结婚后，仍和林徽因保持着联系。她是他的红颜，是他的知己，他有任何烦心事总要在信里说一说。后来，林徽因身体不好，久居北平，徐志摩便成了她家的常客。

1930年冬，徐志摩去沈阳看望梁思成和林徽因夫妇，那时林徽因正患病，他提议二人回北平治疗。他对林徽因一直很上心，丝毫不避嫌，也不怕别人说什么。次年春天，林徽因因肺病不得不回到北平，他们这才又有了接触的机会。

此时，徐志摩的感情很不顺利。他一直主张陆小曼北上，而陆小曼迟迟不肯来。他们在信中吵来吵去，他难过至极。他甚至向林徽因哭诉说："看来，我这一生不再有幸福了。"

陆小曼在消磨着他的耐心、他的爱。看到梁林夫妇如此幸福，他不得不发出这样的感慨。他也希冀身边有佳人陪伴，无奈总是形单影只。他自问对林徽因的感情已变得纯粹，否则不会写信告诉陆小曼："你要是见了徽因，眉眉你一定吃吓。她简直连脸上的骨头都看出来了；同时脾气更来得暴躁。"

林徽因在山上疗养，徐志摩和一帮朋友去探望，再见到精神已经恢复的林徽因，仍要报告给陆小曼，说她胖了，黑了，美了。

陆小曼看了大为生气，写信警告道："你跟任何女人的任何交往都不必瞒我，我无所谓，绝不干扰。唯独林徽因，你绝不可跟她再有接触。只要让我知道你跟她还有来往，我绝不答应。老实讲，我是要吃醋的。”

陆小曼不在乎任何女人，是因为知道他对她们没有爱情，唯独林徽因，是他爱过的，甚至为了她而与张幼仪离婚。林徽因的存在威胁着陆小曼，她不能不在乎，也不能不防。不过，对徐志摩来说，林徽因是他疲倦后的灵魂栖息之地，只要她在，他的内心便能归于平静。徐志摩说，也只有和林徽因在一起，才可以让自己的灵魂真正得到休息。

徐志摩越是放不下林徽因，陆小曼越是生气；他们越是相谈甚欢，她越是不想北上。去了做什么？陪他一起去看望病床上的林徽因吗？陆小曼写信说，徐志摩去北平并不是奋进赚钱，而是为了林徽因，为了他的“白月光”。末了还气呼呼地说，你且好好照顾她的病，莫管你家里病着的妻。

这场北上与南下的较量，并非只是陆小曼贪恋上海，还有一部分是她的不甘心。她偏要在上海，看他到底要留在谁的身边。徐志摩怕了，赶紧去信解释：“此次相见与上回不相同，半亦因为外有浮言，格外谨慎，相见不过三次，绝无愉快可言。”

解释归解释，但陆小曼的话，他并未放在心上。他在北平，还是会去林徽因家中久坐，有时还会住上几日。他鼓励林徽因写诗创作，莫要浪费光阴才好。林徽因与陆小曼不同，不用徐志摩敦促，也懂得做人要成就一番事业。

养病期间，林徽因写下了《谁爱这不息的变幻》《那一晚》《笑》《深夜里听到乐声》《情愿》《仍然》《激昂》《中夜钟声》《一首桃花》《山中一个夏夜》《莲灯》等诗作。每一首徐志摩都为她拍手叫好，甚至很羡慕。他说："这几年生活不仅是极平凡，简直到了枯窘的深处。跟着，诗的产量也尽向瘦小里耗……"

没有对比就没有伤害。没有林徽因的诗作，他不会发现自己竟变得不再是个诗人；没有林徽因的积极向上，也无法清晰对比出陆小曼的颓废。在北平，每一对夫妻，每一位太太，都向阳生长，活得阳光明媚，为何偏偏他的爱妻整日在上海卧于烟榻，日夜颠倒?

这段时间，林徽因创作诗歌、小说，在作品中融入了音乐、绘画、建筑元素，创造出了独特的美。她身患重疾，仍然重视生活。

这样的林徽因，徐志摩又怎能不倾倒在她的石榴裙之下?他到底爱着一个梦，爱着一个幻想，全然忘记了陆小曼本身并非努力向上的人。陆小曼有一身侵骨的妖气，有众星捧月的高贵，又是深受欢迎的交际名媛，她活色生香、妩媚动人，又哪里比别人差?可是，徐志摩常常拿林徽因和陆小曼来比，甚至新月社的同事也常常拿她们两人进行对比。其结果是，林徽因在建筑事业和对国家的贡献上胜过了陆小曼。

只是，陆小曼也是有才华的。她不是不会写诗，而是懒得动笔。

1926年3月7日，她在日记里就写下过两首诗。她想也不用想，只要下笔，自然成诗：

写！我再也不敢写！
这纸上的影子使得我——
眼中阵阵地发〇
啊！这不是你碧波的眼——
叫我一笔涂上一点黑，
笑吟吟地对着我疑问
啊！这一辈子叫我涂淹了
你那满盈盈的热情，
如今再也不见你对我笑的影子
写——我还敢再写么？
呀！这不是你红盈盈的香口，
半开半闭地向我张着，
在这雪亮的纸上——
再也满不了你那急切的等——等
等那热烈浓甜香吻的情景——
一笔，这一笔又叫我

涂墨了我正想亲上去香吻，
写！我还敢再写是么，
但如今我再也不
那纸上印出的香唇
碧波银银含情的热视了
那也不用等了——
我的希望也不久可以得到了——
写——更用不着再写了。

陆小曼写完颇为得意，自夸写得很好，比大诗人徐志摩写得还要好。她没想过自己还能成为诗人，很想登到报刊上，看一看人家会不会夸她。

往事不堪回首。曾经，陆小曼也这般可爱，这般有灵气。那时，她多好，写日记、作诗，陪他细数岁月流年。但到底曾经美好的日子不在了。

“从此无心爱良夜，任他明月下西楼”，一切不会再回来了。往后，他靠回忆过活，只愿她还能保留最后的才华和灵气。

徐志摩对林徽因的好，林徽因并非不懂得，只是一切已成惘然，他能一直陪着，自己就已知足。林徽因在尘世中贪恋着他的浪漫、他的温情。她与他不远也不近，只想介于朋友与恋人之间。正因如此，她受到世间太多指责，说她一直不肯放下徐志摩。

许多个日日夜夜，她无不在悼念徐志摩。

陆小曼也没有好多少。徐志摩死后，她没有得到徐家一分财产，吃尽了生活的苦头。那时她才懂得，原来柴米油盐真的很贵。

林徽因去世前，唯一的愿望是见张幼仪。张幼仪很不解，在传记里写道："一个朋友来对我说，林徽因在医院里，刚熬过肺结核大手术，大概活不久了。……做啥林徽因要见我？我要带着阿欢和孙辈去。她虚弱得不能说话，只看着我们，头摆来摆去，好像打量我，我不晓得她想看什么。大概是我不好看，也绷着脸……我想，她此刻要见我一面，是因为她爱徐志摩，也想看一眼他的孩子。"

对于这一段往事，世间有太多猜测。张幼仪也认为，林徽因还爱着徐志摩。其实，爱怎样，不爱又怎样，有太多事已不是爱与不爱可以说清楚的。但无论怎样去定义他们的感情，他们的故事都已成为历史，自有后人再去传说。

他们来过，也走了，挥一挥衣袖，只留下一段段故事，没有带走一片云彩。

Chapter
06

说好的一辈子，却提前大半生结束

人生漫长，中途有人陪伴，但每一个人最终都会离你而去。没人替你出生，也无人代你死亡，一切都要自己去面对。减少期待，减少牵绊，你才能真正强大，让灵魂归于安宁。然后在尘世中，修成一朵莲花，活得通透，活出真味。

徐志摩走了 /

有多少人，曾对恋人许下白头偕老的诺言？时光还在，你还在，可相爱的两个人却早已天各一方。没有背叛，没有争吵，只是被平淡的时光冲散了。

世事无常，随缘来去，时光经不起等待，我们也等不到白头。

徐志摩平生最崇拜英国的雪莱，羡慕雪莱覆舟而死，说：“我希望我将来能得到他那样刹那的解脱，让后世人谈起就寄予无限的同情与悲悯。”宇宙有吸引力法则，徐志摩的希望得到了感召。

陆小曼还是留在了上海，不愿随徐志摩北上。此时，徐志摩的心，已归于淡然，一切皆随缘分。在北平守着静养的林徽因，已让他的灵魂有了归处。

1931年9月，林徽因身体渐好，应中国营造学社社长朱启钤聘请，到中国营造学社供职。对林徽因来说，能重拾旧业是一件天大的喜事，徐志摩很为她高兴。

每当这个时候，他总能想起陆小曼，想起他们的家庭。

在陆小曼生日那天，他写了一封信给她：

> 今天是九月十九日，你二十八年前出世的日子，我不在家中，不能与你对饮一杯蜜酒，为你庆祝安康。这几日秋风凄冷，秋月光明，更使游子思念家庭。又因为归思已动，更觉得百无聊赖，独自惆怅。遥想闺中，当亦同此情景。今天洵美等来否？也许他们不知道，还是每天似的，只有瑞午一人陪着你吞吐烟霞。……我真是想你，想极了。

徐志摩一直忍受着陆小曼的任意妄为，愿意等她灵魂觉醒，毕竟她骨子里是有灵性的，只是被世俗生活蒙蔽。他思念她，可又不能立即回去看她，只能等免费的飞机回家。他一直等，等回家的机会。

1931年11月，陆小曼给徐志摩连发几次电报，催他回家。他高兴坏了，想着陆小曼一定是想他了，才催得这样急。他接到电报，立即托关系预订送顾维钧去南京的座机。谁知，飞机多次延迟，从7日拖延至10日。

徐志摩思念陆小曼，真想留在上海再也不回来了。他对好友许地山说："也许永不回来了。"

徐志摩此话实乃思念所致，并非在说不吉祥的话。可他去上海前，给林徽因留下的字条却令人感到不安："定明早六时飞行，此去存亡不卜……"

林徽因看到字条颇为生气，致电徐志摩，怪他说出不吉利的话。可徐志摩不以为然，他只是随口一说，又何必放在心上？更何况，他还要遵守承诺，参加林徽因在协和小礼堂的演讲。

这是他与林徽因的约定，不能失约。

临上飞机，徐志摩又去了凌叔华家，与她做短暂的告别。来到她家，见她在一个本子上抄写着他的文章，题目却是：志摩先生千古。徐志摩觉得古怪，说："哪能就千古了呢？"

是啊，好好的怎能突然写下这样的字句？

徐志摩千等万念，终于回到了上海的家。这个家，早已失去了往日的温度，留下的只有烟雾缭绕、醉生梦死。当他看到精神越来越颓靡、仍旧吞云吐雾的陆小曼，心已凉了半截。原来，陆小曼急呼他回家并非想念他，而是家中无钱，已负债累累，待他处理窘状。

徐志摩大怒，陆小曼也跟他吵了起来。据郁达夫回忆：“当时陆小曼听不进劝，大发脾气，随手把烟枪往徐志摩脸上掷去，徐志摩连忙躲开，幸未击中，金丝眼镜掉在地上，玻璃碎了。”

徐志摩伤心离家，一夜未归。次日去刘海粟和罗隆基处，但一直心神不定，想着陆小曼气该消了，说不定正等着他回家。当他满怀希望回到家中时，却看到了陆小曼摆在显眼处的绝情信。读罢信件，徐志摩心灰意冷。

徐志摩走后，陆小曼立即后悔了。第二天中午，她赶紧写了一封长信寄到北平，向他认错：

> 前天晚上我亦不知怎样写的那封信，我真是没有口的人了，我心里为难亦不管你受得受不得我，我糊里糊涂地写了那封信！我这才受悔呢！还来得及吗？你骂我亦好，怨我亦该，我没有再说话的权了！我忍心吗？我爱！你是不会怨我的亦决不骂我我知道的！可是我自己明白了自己的错比你骂我还难受呢！我现在已经拿回那信了，你饶我吧！忘记了那封被一时情感激出来的满无诚意的信吧！实在是因为我那天晚上叫娘哭得我心灰意懒的，仿佛我那时间犯了多大的罪似的，恨不能在上帝前洗了我的罪立刻死去。……

陆小曼已后悔的事，徐志摩再也不知道了。他满怀悲伤地来到南京张歆海家，谈笑间说的全是无奈的话。

徐志摩去世后，张歆海的夫人韩湘眉在悼念徐志摩的文章中写道：

> 说笑之间，我似乎有所感，我说："Suppose something happens tomorrow?（假如明天出事怎么办？）"你顽皮地笑着说："你怕我死吗？"我说："志摩！说正经话，总是当心点好。司机是中国人，还是外国人？"你不留意地回答："不知道，没关系，I always want to fly（我总是想飞的）。"我以为那几天天气晴朗，宜于飞行。半晌我又说："你这次乘飞机，小曼说什么没有？"你连笑带皮地说："小曼说，我若坐飞机死了，她作merry widow（风流寡妇）。"

徐志摩本打算乘坐张学良的飞机回北平，临行前接到通知说因事改期。他为遵守参加林徽因演讲的承诺，不想改期，也不想再多等。他来不及多想，匆匆搭乘一架邮政飞机起飞。许是心情欠佳，他患了头疾，飞到徐州时，连忙给陆小曼写了一封短信："徐州有大雾，头痛不想走了，准备返沪。"

10时20分，他再次登机，继续往前飞。

1931年11月19日12时35分，飞机在济南南郊党家庄附近触山爆炸，坠入山谷，机上连同徐志摩共三人无一生还。徐志摩头部撞出大洞，门牙全部脱落，他为了求生艰难爬行，最终却还是没能抵挡住命运的毁灭。

当时《新闻报》对此事进行了报道，提到一件奇怪的事：

> 该机于上午10点10分飞抵徐州，10点20分继续北行，是时天气甚佳。想不到该机抵济南50里党家庄附近，忽遇漫天大雾，进退俱属不能，致触山顶倾覆，机身着火，机油四溢，遂熊熊，不能遏止。飞机师王贯一、梁壁堂及乘客徐志摩，遂同时遇难。死者三人皆三十六，亦奇事也。

徐志摩一直渴望飞，飞出这圈子，飞到云端里去。他在《想飞》中写道：

> 是人没有不想飞的，老是在这地面上爬着够多厌烦，不说别的。飞出这圈子，飞出这圈子！到云端里去，到云端里去！哪个心里不成天千百遍地这么想？飞上天空去浮着，看地球这弹丸在太空里滚着，从陆地看到海，从海再

看回陆地。凌空去看一个明白——这才是做人的趣味，做人的权威，做人的交代。这皮囊要是太重挪不动，就掷了它，可能的话，飞出这圈子，飞出这圈子！

同时天上那一点子黑的已经迫近在我的头顶，形成了一架鸟形的机器，忽地机沿一侧，一球光直往下注，砰的一声炸响，——炸碎了我在飞行中的幻想，青天里平添了几堆破碎的浮云。

终于，他飞走了，飞得决绝干脆。他想去赴红颜的约定，失言了；他承诺照顾陆小曼一辈子，也失言了。徐志摩一生为情所困，穷其半生心血与生命，连对自己的承诺也未兑现。

他的骤然离去，带给太多人遗憾与悲痛。他们终生都将处于怀念之中。

徐志摩跟陆小曼一直有个约定。他们相爱之初，他要求她写日记，两人一起写，他说："将来等你我大家老了，拿两本都去印出来送给朋友们看，也好让大家知道我们从前是怎样地相爱。等到头发白了再拿出来看，一定是很有趣的。"

她没等他到头发花白，他也没能陪她一起到白头……

五年，没想到这一场欢爱竟如此短暂。说好的一辈子，却提前了大半生走完。她还有漫长的余生要度过。此后，她将闭门谢客，守着他的遗像孤独度日。

为他苍凉老去，为他呕心沥血，为他尝尽世间的凄凉与孤独。

这一年，陆小曼二十九岁，徐志摩三十六岁。

失去才能懂得珍惜的意义

西方谚语说："这世界对于好用思想的人是一部喜剧，对于好动情感的人是一部悲剧。"思想，代表着理性，代表能将道理落到实处。他们知道失去才会懂得珍惜，所以他们不会等到失去才后悔莫及，在生活中已做到珍惜。情感，代表冲动，代表情绪主导自己。他们随心所欲、尽情放纵，自然也要承受悲凉的结局。

徐志摩走了，陆小曼也觉得自己和他一起走了。她不明白老天为何要这样惩罚她，对她如此残忍。是她犯了错吗？是她太不懂珍惜了吗？抑或是她预支了太多的幸福，所以余生尽是凄苦？她没有答案，只能用余生的时间去参悟。

徐志摩离开，陆小曼这里也早有预兆，只是不知道兑现得如此残忍。据陆小曼的表妹吴锦回忆，陆小曼多次跟她讲，徐志摩坠机那天中午，悬挂在家中客厅的一只镶有徐志摩照片的镜框突然掉下来摔坏了，玻璃碎片散落在徐志摩的照片上。陆小曼见状预感不好，嘴上没说什么，心却跳得厉害。不承想，第二天一早，陆小曼便接到南京航空公司的保君健带来的消息——徐志摩去世了。

她不相信。她拒绝接受电报，拒绝接受徐志摩的死讯，拒绝认领他的遗体。她只有将那些人拒之门外，仿佛这样他才能一直活着。

她在这突如其来的打击中昏厥了过去。醒来后，陆小曼号啕大哭，直到眼泪哭干。她终于接受了现实，挣扎着要去接回徐志摩的遗体。可她的身体太不争气，虚脱得连走几步路都成问题，众人见状都极力劝阻，提议由徐志摩与张幼仪的儿子前往山东办理此事。

郁达夫说：

> 悲哀最大的表示，是自然地目瞪口呆，僵若木鸡的那一种样子，这我在陆小曼夫人当初接到徐志摩凶耗的时候曾经亲眼见到过。其次是抚棺一哭，这我在万国殡仪馆中，当日来吊的许多徐志摩的亲友之间曾经看到过。陆小曼清醒后，便坚持要去山东党家庄接徐志摩的遗体，被朋

友们和家里人死命劝住了。最后决定派徐志摩的儿子徐积锴去山东接回。

王映霞也回忆了当时的陆小曼：

下午，我换上素色的旗袍，与达夫一起去看望小曼，小曼穿一身黑色的丧服，头上包了一方黑纱，十分疲劳，万分悲伤地半躺在长沙发上。见到我们，挥挥右手，就算是招呼了，我们也没有什么话好说，在这场合，说什么安慰的话都是徒劳的。沉默，一阵长时间的沉默。小曼蓬头散发，大概连脸都没有洗，似乎一下老了好几个年头。

徐志摩去了，她的心也跟着走了。哀莫大于心死，躯壳留在世上还能做什么？可是，她不甘心，她偏要看看还有什么更惨的事加罚在她身上。

她在《爱眉小札》中写道：

在日记中我尝过了生离的滋味，那时我就疑惑死别不知更苦不？好！现在算是完备了。甜，酸，苦，辣，我都尝全了，也可算不枉这一世了。到如今我还有什么可留恋的呢？不死还等什么？这话是现在常在我心头转的。不过

有时我偏不信，我不信一死就能解除一切，我倒要等着再看老天还有什么更惨的事加罚在我的身上！

还有一件事，也令陆小曼心如刀绞。世人皆知徐志摩是因赴林徽因的约而丧生，陆小曼又如何能不知？她几次奉劝他不要坐飞机，与林徽因断绝往来，可他偏偏不听。不管他们关系如何，在陆小曼看来，他对林徽因的爱终究刺痛了她。陆小曼说："志摩之死，死于林、死于情者也。"

徐志摩离去，朋友们也悲痛欲绝。他们将这场意外推到了陆小曼身上。是她不肯北上，才令徐志摩意外丧生；是她醉生梦死、挥金如土，让徐志摩疲于奔命，最终命丧黄泉；是她让徐家白发人送黑发人，尝尽惨痛与心酸……

此后，徐家对陆小曼恨之入骨，与她几乎断绝往来。徐志摩生前好友何静武、胡适、林徽因、金岳霖等，也几乎与她不再往来，终生不肯原谅她。杂志、报纸，每一篇怀念徐志摩的文章，都在讨伐她。

徐志摩的遗体运回后，徐父拒绝让陆小曼参加徐志摩的追悼会。她无法前往，只想让他走得体面些。她便提出请求，将徐志摩身上的衣服换成西装，谁知这唯一的请求也被张幼仪驳回了。张幼仪只想他安安静静地离去，生前他遭此大难，不想他死后还无法安息。

虽然没能参加追悼会，作为徐志摩的妻子，陆小曼还是为他送去了一副挽联：

多少前尘成噩梦，五载哀欢，匆匆永诀，天道复奚论，欲死未能因母老；

万千别恨向谁言，一身愁病，渺渺离魂，人间应不久，遗文编就答君心。

1931年12月6日，上海公祭徐志摩，大厅里人潮涌动，挽联满壁，花圈无数。陆小曼扶棺一哭，算是与他做了最后的永别。此后，他的遗像前，每天鲜花一束，以明其志。徐志摩曾说："案上插了一枝花便不寂寞，最宜人是月移花影上纱窗。"

曾经，陆小曼是徐志摩心中那枝花；往后，徐志摩是陆小曼心头那枝花。她说："艳美的鲜花是志摩的象征，他是永远不会凋谢的，所以我不让鲜花有枯萎的一天。"

花在，徐志摩在；爱在，她永不寂寞。

她一直以为，她爱志摩，爱到骨子里，灵魂里。可是在外人看来，她从未爱过他。

一开始听说陆小曼拒绝认领徐志摩的遗体时，张幼仪便说："她（陆小曼）出了什么毛病？打从那时候起，我再也不相信徐志摩和陆小曼之间共有的那种爱情了。”

众人不原谅陆小曼，张幼仪却不肯原谅林徽因。她恨林徽因，并非因为她影响了她和徐志摩的婚姻，而是恨她没有给徐志摩一个未来，却还把徐志摩当朋友，在他面前晃来晃去，最终让徐志摩因她丧命。

徐志摩死去，林徽因也很难过。她接到噩耗，当场昏厥。她对他终究有亏欠，只能用怀念来自我救赎。

她在《悼志摩》中写道：

> 一月十九日我们的好朋友，许多人都爱戴的新诗人，徐志摩突兀地，不可信地，残酷地，在飞机上遇险而死去。这消息在二十日的早上像一根针刺触到许多朋友的心上，顿使那一早的天墨一般地昏黑，哀恸的哽咽锁住每一个人的嗓子。……这种几乎近于忍心的决绝，那一天不知震麻了多少朋友的心？现在那不能否认的事实，仍然无情地挡在我们前面。任凭我们多苦楚地哀悼他的惨死，多迫切地希冀能够仍然接触到他原来的音容，事实是不会为我们这伤悼而有些许活动的可能！这难堪的永远静寂和消沉便是死的最残酷处。……
>
> 我们生活在这没有宗教的时代，对这死实在太没有把握了。这以后许多思念你的日子，怕要全是昏暗的苦

楚，不会有一点光明，除非我也有你那美丽的诗意的信仰！……

我不敢再往下写，志摩若是有灵听到比他年轻许多的一个小朋友拿着老声老气的语调谈到他的为人不觉得不快吗？这里我又来个极难堪的回忆，那一年他在这同一个的报纸上写了那篇伤我父亲惨故的文章，这梦幻似的人生转了几个弯，曾几何时，却轮到我在这风紧夜深里握吊他的惨变。这是什么人生？什么风涛？什么道路？志摩，你这最后的解脱未始不是幸福，不是聪明，我该当羡慕你才是。

林徽因有徐志摩的遗物，陆小曼也有。

1931年春，陆小曼创作了一幅山水画，徐志摩为了让此画更为珍贵，四求找人题跋。邓以蛰、胡适、杨铨、贺天健、梁鼎铭、陈蝶野等，都在此画上留下了笔墨。徐志摩将这幅画带在身边，准备到北平后再请人加题。由于画卷放在铁箧中，所以飞机爆炸后此画完好无损。

这世间最让人肝肠寸断的，并非死去的人带走了什么，而是他留下了什么。睹物思人，遗物在，他就在，你永远都不能解脱。

陆小曼不敢看，更不敢回忆……一想到他，陆小曼真怕自己再也没有活下去的勇气。

陆小曼如此写道：

振宇连跑了几次，逼我抄出志摩的日记。我一天天地懒，其实不是懒！是怕，真怕极了。两年来所有他的东西我一共锁起，放在看不见的地方，总也没有勇气去拿出来看，几次三番想理出他的信同日记去复印，可是没有看到几页就看不下去了。因为我老是想等着悲哀也许能随着日子一天天地溶化的，谁知事实同理想简直不能混合的。这一次我发恨地抄，三千字还抄了三天，病了一天，今天我才知道，等日子是没有用的。不看，也许脑子的印象可以糊涂一点，自己还可拿种种的假来骗自己。可是等到看见了他那像活的似的字，一个个跳出来，他的影子也好像随着字在我眼前来回地转似的，到这时候，再骗也骗不住了，自己也再止不住自己的伤感了，精神上又受不住，到结果非生病不可。所以我两年来不但不敢看他的东西，连说话也不敢说到他，每次想到他，自己急忙想法子丢开，不是看书就是画，成天只是麻木了心过日子，什么也不想，什么也不管。

你是我不能回忆的过去，无法抚平的伤痛，愿此生我不再想起你，而是用生命的空白来爱你。如果人生必须做一道填空题，最好什么也不写，因为写下任何答案，都会给生命留下遗憾。

徐志摩在空白处写下爱，却尝尽了太多失望与无奈；陆小曼在空白处写下了任性，却尝遍了人间酸甜苦辣。

什么也不想，什么也不管，什么也不写，慢慢地，她就放下了悲伤，决定迈步前行。

人生无法回头

时光如雨，我们不能总是等待为我们撑伞的人，而是要自己去奋斗和争取，哪怕结果不尽如人意，也胜过停留原地，被雨浇透。

既然一切回不了头，又何必再回头看？不如随着日子往前走，欣赏一番沿途的风景。不管前面是淅沥小雨，还是狂风暴雨，那痛总能令人觉醒。淅沥小雨，小痛小痒，小觉小悟；狂风暴雨，大痛大悲，大彻大悟。

徐志摩用死亡的方式唤醒了整日迷醉的陆小曼。回忆他的理想与种种劝慰，她猛然发现，自己原来如此不争气。他对她有太多期许，有太多渴望。如今他走了，她决定重新做人，做他喜欢的人。

他的未完成，她来完成；他的遗憾，她来弥补。

她要替他，好好活着。

徐志摩离开后，他生前的诸多好友对陆小曼口诛笔伐，生生将这场意外归咎于她。一时间，陆小曼不再是万人追捧的名媛，也不再是受人欢迎的交际花。那些她曾经招待、宴请过的好友，大多因这场意外与她断绝了往来。

她无人安慰也就罢了，好友们竟往她的伤口上撒盐。徐志摩离开，她是何等难过，他们为何还要将她打入十八层地狱，让她品尝更多苦楚？她不解释，不反驳，因为说再多都是狡辩，只会让自己更加狼狈。她沉默着，让那些风声、雨声、指责声、谩骂声，在耳旁回荡。

那段时间，陆小曼不想辩白，也无力辩白。她不敢回忆徐志摩，但他的话仍在耳边盘旋。他渴望她活得阳光，期盼她做点事业，盼望与她多点时间相守。如今，他已离开，她这才发现人生回不了头。如果她知道有这一天，定会如他所愿，尽早写诗作画，活出一股劲头来。

一个月后，她写下了《哭摩》，在一声声忏悔与表白中，明确了未来要走的路：

我现在不顾一切往着这满是荆棘的道路上走去，去寻一点真实的发展，你不是常怨我跟你几年没有受着一些你的诗意的陶熔吗？我也实在惭愧，真也辜负你一片至诚的心了，我本来一百个放心，以为有你永久在我身边，还怕将来没有一个成功吗？谁知现在我只得独自奋斗，再不能得你一些相助了，可是我若能单独撞出一条光明的大路也不负你爱我的心了，愿你的灵魂在冥冥中给我一点勇气，让我在这生命的道上不感受到孤立的恐慌。我现在很决心地答应你从此再不张着眼睛做梦躺在床上乱讲，病魔也得最后与它决斗一下，不是它生便是我倒，我一定做一个你一向希望我所能成的一种人，我决心做人，我决心做一点认真的事业，虽然我头顶只见乌云，地下满是黑影，可是我还记得你常说"受苦的人没有悲观的权利"，一个人决不能让悲观的慢性病侵蚀人的精神，同厌世的恶质染黑人的血液。我此后决不再病（你非暗中保护不可），我只叫我的心从此麻木，不再问世界有恋情，人们有欢娱，我早打发我的心，我的灵魂去追随你的左右像一朵水莲花拥扶着你往白云深处去缭绕，决不回头偷看尘间的作为，留下我的躯壳同生命来奋斗。到战胜的那一天，我盼你带着悠悠的乐声从一团彩云里脚踏莲花瓣来接我同去永久相守，过吾们理想中的岁月。

没有谁一开始就知道结局，否则人生何来遗憾。"生当复来归，死当长相思”，是一种等不及的遗憾；“志摩诗集人间无，文章才华辰星看”，是一种等不来的遗憾。任凭陆小曼如何呼唤、呐喊、吼叫，他都不会回来了。

她经历着痛，忍受着悲，只有置之死地而后生，她才能真正获得重生，只有在怀念他时感受到无尽的痛与悔，她才能告诉自己不可再懈怠。

陆小曼此前待人不薄，对干女儿们出手更是大方。此时，陪伴她的除了干女儿，便是翁瑞午、郁达夫等朋友们了。不同于其他朋友的责难，与她并无交情的冰心却写文章说了一句公道话：“谈到女人，竟是‘女人误他’？也很难说。志摩是蝴蝶，而不是蜜蜂，女人的好处就得不着，女人的坏处就使他牺牲了。”

一代诗人，到底是累了。他遭遇意外，到底胜过于在凡尘中平淡地度过余生。他一生追求浪漫和自由，至死也要带着浪漫和诗意飘去。

他用生命谱写诗歌，活出了他的信仰。

他渴望爱情，他也得到了。她用余生怀念他，分分秒秒，不离不弃。

说好的一辈子，就是一辈子，徐志摩可以失约，陆小曼不能。

请你的灵魂回来看看我

她多么盼望再来一场与他的相遇，哪怕他的灵魂回来陪陪她，她亦是不惊不惧。哪怕他回来出口恶气、怨她、骂她，她都会感到欣慰。可是，他再也没有回来过。

原来，这世间最痛的，不是有人骂你、谤你、怨你、恨你……而是你在乎一个人，对方却连恨和怨都不肯给你。

一切就像从未发生过，却只有你，仍在怀念着。

“闲坐悲君亦自悲，百年都是几多时。邓攸无子寻知命，潘岳悼亡犹费词。同穴窅冥何所望，他生缘会更难期。惟将终夜长开眼，报答平生未展眉。”元稹为亡妻写下这首《遣悲怀》，感慨人生百年苦短，都只不过是命运的安排。潘岳悼念亡妻，我们怀念一个人，只是徒增烦恼和悲哀罢了。可是，我们今生仍愿自寻烦恼，期望与所爱之人葬于同一墓穴，在另一个世界诉说这半生衷肠。

此生一别，恐怕再无相见之日。所以，以后的夜晚，我只能思念你，好报答这一生与你的情缘，报答你平生不得舒展的双眉。

徐志摩在世时，陆小曼敢说离别的话，因为她知道他不会离开。她之所以任性、刁蛮、无理取闹，只是想被他宠爱，等他再一次哄着她说：“好啦，乖太太，真拿你没办法，我以后不坐飞机了，不再让你为钱烦忧了。”陆小曼不怕徐志摩决绝，她心冷过，所以安于烟榻。如果那时他冷漠转身，她亦不会流一滴眼泪。她不怕不爱，她怕的是，爱。

因为爱，所以她放不下，离不开，只能日日夜夜地思念他，报答他生平对她所有的好。她的摩，她的爱，为了她“平生未展眉”，却还得不着一句安慰的话。她修了怎样的福报，这一生遇到他；她又作了怎样的孽，要承受这别离之痛。她懊恼、悔恨，可都无济于事。她不会再爱了，亦退出了华丽的舞台，终生素服。

《春申旧闻》中说：“志摩去世后，她素服终生，从不见她去游宴场所一次。”

王映霞也回忆说：“他飞升以来，小曼素服终生，我从未见到她穿过一袭有红色的旗袍，而且闭门不出，谢绝一切比较阔气的宾客，也没有到舞厅去跳过一次舞……在她的卧室里悬挂着徐志摩的大幅遗像，每隔几天，她总要买一束鲜花送给他。”

鲜花不凋谢，她怀念他的心亦不会凋谢。

有时候她也恨，恨老天为何不能让她随他而去，她活着简直不如死了更痛快。许多人不怕死，却怕活着承受无尽的折磨。可是，她不能死。父亲陆定在一年前辞世，留下母亲一人，倘若她再自寻短见，她的母亲又该如何自处?

即使再痛再难，她都要坚强地活下去，为了他。

她想为他而活，为他做点事，更想让他在泉下为她骄傲。她开始着手整理徐志摩的文稿，便给胡适写信，希望他帮自己搜集徐志摩的书信、日记等。

> 志摩还有信、日记在京请你带下，不要随便与人家看，等我看过再发表，我想他的信、日记，以后由我自己编，三个月内一定可以有两本出版，亦望你好好地帮我修改一下，洵美之意也是愿意他的东西一起由我自编，最好你能早来上海多待些日子，我们大家一起努力地做一下，我还想通知各好友处，如他的信愿意发表的，也寄给我，他的诗和散文如有，我看请你同他编一下，因为我一人怕来不及，我还想写一本我所知道的志摩，不过近年于学识

是荒废得可怕，我日内即好好地用一下死功，我也可借此将我的心用在别的上，不然我想怕半年也活不了……

徐志摩离世，胡适亦有怪罪陆小曼之意。早些年，他欣赏陆小曼，视她为“一道不可不看的风景”，但近些年来她的表现实在糟糕。他对她已不够信任，不想徐志摩的作品被“不着调”的人来处理。他拒绝了陆小曼的请求，婉转地回信说，恐怕凭她一人之力编不出像样的书来。

她不肯放弃，又继续写信说：

他的全部著作当然不能由我一人编，一个没有经验的我也不敢负此重责，不过他的信同日记我想由我编（他的一切信件同我给他的日记都在北平，盼带来）……还有他别的遗文等也盼你先给我看过再付印。我们的日记更盼不要随便给人家看。千万别忘。

林先生前天去北平，我托了他许多事情，件件要你帮帮忙，日记千万叫他带回来，那是我现在最宝爱的一件东西，离开了已有半年多，实在是天天想它了，请无论抄了没有先带了来再说。文伯说叔华等因摩的日记闹得大家无趣，我因此很不放心我那一本。你为何老不带回我，岂也有另种原因吗？这一次求你一定赏还了我罢，让我夜静时也好看看，见字如见人，也好自己骗骗自己，你不要再使我失望了。

然而，她的请求没换来多少日记，许多日记后来散落各处，有的永远成了谜。

除了陆小曼，新月社全体成员也开始为徐志摩策划、编辑《徐志摩全集》。

在搜集材料时，徐志摩的日记是编著的重要部分。半年前，徐志摩对林徽因说，他完整地保存了留学生时期的日记，这些日记分为康桥日记和雪池时代。康桥日记，是指在英国留学时期的记录；雪池时代，是他从英国回京后所记。不过，雪池时代陆小曼看完后极不高兴，一气之下把日记统统烧了。

徐志摩曾表示，他想把康桥日记交给林徽因保存，但觉得来日方长，便没把这件事放在心上。如今，要编辑《徐志摩全集》，这些日记一下子变得重要起来，人们都想知道那日记里写了什么。

徐志摩远赴欧洲时，曾将一只小箱子存放于凌叔华处，里面记录了他对林徽因的思念、对陆小曼的不满。此日记，既不能给林徽因，又不可给陆小曼，只好存放于第三方手中。胡适得知后要走了那只小箱子，转手将部分日记给了林徽因，另一部分自己留下了。陆小曼苦苦哀求，才要回了关于她的那部分日记。除此之外，凌叔华还从箱子里拿走了关于她自己的那一部分。至于写了什么，成了永远的谜。

对于胡适这样分派日记，凌叔华很生气，感觉辜负了徐志摩。她写信给胡适说："前天听说此箱已落入林徽因处，颇为着急，因为内有陆小曼初恋时日记两本，牵扯是非不少（骂林徽因最多），这正如从前不宜给陆小曼看一样不妥。"

对一个人的信任一旦打破，便很难恢复。朋友们多数不再相信陆小曼，刻意与她保持距离，她纵是巧妇，也难为无米之炊。她不敢相信，身为徐志摩的妻子，竟然没有处理丈夫遗物的权利。可是，她一人力量太弱，除了诉苦、请求，也做不了什么。

陆小曼自我安慰道："即使应当交出信函的许多老友都不来（主要指胡适和北方的朋友），我自己收藏的部分也为数不多，凑成一卷没有问题，虽然其中有些信，我实在不愿公开发表。另外有一部分志摩从国外寄回来的信，如能译成中文，也可凑出二三十封。"

徐志摩去世一个月后，邵洵美向陆小曼约稿，请她为徐志摩的遗作《云游》作序。当她提起笔时，心中思绪万千，原来那个人，是真的不在了。她懒得写东西，不知该如何落笔，她头晕，手抖，心痛……她在等，等他来掷她的笔。

之前，徐志摩每次逼她写序，她只会对着他发愣，他也只得笑着说：“好了，好了，太太我真拿你没有办法，去耽着罢！回头又要头痛了。”如今，她再痛，再懒，再怎么头晕都得写下去。没人叫她停了，没人再掷她的笔了。

她写道：

> 我写了半天也不知道胡诌了些什么，头早已晕了，手也发抖了，心也痛了，可是没有人来掷我的笔了。四周只是寂静，房中只闻嘀嗒的钟声，再没有志摩的‘好了，好了’的声音了。写到此地不由我阵阵地心酸，人生的变态真叫人难以捉摸，一霎眼，一皱眉，一切都可以大翻身。我再也想不到我的生命道上还有这一幕悲惨的剧。人生太奇怪了。
>
> 我现在居然还有同志摩写一篇序的机会，这是我早答应过他而始终没有实行的，将来我若出什么书是再也得不着他半个字了，虽然他也早已答应过我的。看来还是他比我运气，我从此只成单独的了。
>
> 我再也写不下去了，没有人叫我停，我也只得自己停了。我眼前只是一阵阵地模糊，伤心的血泪充满着我的眼眶，再也分不清白纸黑墨。志摩的幽魂不知到底有一些回忆能力不？我若搁笔还不见持我的手！！

徐志摩不敢来，也不能来，他只有狠心地任她痛，任她苦，任她被误解，她才能获得成长。每个人都需要成长，只是那一刻来临的时候，太过残忍和现实。其实，爱你的人从未离开，他们只是换了一种方式来爱你，却不叫你知道。

人生漫长，中途有人陪伴，但每一个人最终都会离你而去。没人替你出生，也无人代你死亡，一切都要自己去面对。减少期待，减少牵绊，你才能真正强大，让灵魂归于安宁。然后在尘世中，修成一朵莲花，活得通透，活出真味。

Chapter

07

唯有绝境，才能重生

我们不能改变苦难，唯一能改变的是自己。你可以在逆境中成长，也可以在逆境中堕落，但唯有成长才能收获。你不能在承受了苦难之后，还要失去斗志，哀天怨地，放弃成长的机会。

纵被千夫指，也不必解释

生命本是一场修行，顺其自然，随缘自了还远远不够。因为再苦再难的事都会过去，时间可以冲淡很多事情带来的结果，却很难改变心性。唯有在困境中主动打磨自己，去除棱角，才能活出一片天地。在此天地中，即使狂风暴雨、生离死别、爱恨情仇都与你再无干系。不是不动心，不是不难过，不是不欢喜，而是物来则应，物去不留，笑看风云。此时，才能真正做到万事随缘。

1933年，陆小曼整理了徐志摩在1926~1927年写的《眉轩碎语》，并发表在《时代画报》上。1936年，陆小曼又整理了她与徐志摩的来往书信，出版了《爱眉小札》。这些书信往来记录了她与徐志摩热恋时说过的情话，同时也记录了他们一路走过来的艰辛与痛苦。它见证了他们的爱情，也让世人看到了徐志摩有着怎样丰富的情感。

关于这本书，她在《爱眉小札·序二》中写道：

> 提起这二部日记，就不由得想起当时摩对我说的几句话，他叫我“不要轻看了这两本小小的书，其中哪一字哪一句不是从我们热血里流出来的？将来我们年纪老了，可以把它放在一起发表，你不要怕羞，这种爱的吐露是人生不易轻得的！”为了尊重他生前的意见，终于在他去世后五年的今天，大胆地将它印在白纸上了，要不是他生前说过这种话，为了要消灭我自己的痛苦，我也许会永远不让它出版的。
>
> ……最后几句话我要说的，就是要请读者原谅我那一本不成器的日记，实在是难以同摩放在一起出版的（因为我写的时候是绝对不预备出版的）。可是因为遵守他的遗志起见，也不能再顾到我的出丑了。好在人人知道我是不会写文章的，所留下的那几个字，也无非是我一时的感想而已，想着什么就写什么，大半是事实，就这一点也许还可以换得一点原谅，不然我简直要羞死了。

为了徐志摩，陆小曼肯牺牲一切。只要是他生前的遗愿，她都要一个一个去完成，以告慰他的在天之灵。她知道，此本日记出版，定会引来无数议论与非议，但她已经不在乎了。她受的指责和谩骂还少吗？为了他，她受得起这点委屈。这本日记如实地记录了她所有的想法，包括好的、不好的、优点、缺点等，她也不想去管了。她本已是红颜祸水，不怕再被多泼几盆更脏的水。唯一令她遗憾的是，她弄丢了徐志摩远游时的一百封信。那是他的心血，他生前就已责怪过她，如今更是叫她心碎。

她也兑现了对朋友的承诺。当初，她向胡适索要日记和书信时，就在信中写过：

> 我知道你是极关心我的将来的一个人，一向散漫的我，这一次再不能叫朋友们失望了，现在我也不爱多讲，因为不信的是始终不信的，事情只在做不在说，就是说破嘴，不信的还是不信，大家等着看罢。
>
> 我这一次的遭遇，可算是人生最痛苦的了，本来从此生活上再不能有先前的安逸，更不盼望有什么快乐，以前的我只好认为死去，我的心也只能算是同他一起飞去，以后我独自一人只好孤单地独自奋斗，从此单调再没有别的附和，前途虽是黑暗，可是有他一点灵光在先引着，不怕我没有成功，究竟我不是一个没有志气的人。文伯当然有

些太乐观，可是有他这一催促，我再不能叫他失望，我也同时盼你不要太消极了。

信你的人始终信，不信你的人随他们去。谁人人后不说人，谁人人前无人说，并非辩解就能扭转别人对你的印象，与其辩解，不如一笑了之。

那些年，她闭门谢客、深居简出，将大部分时间用来作画，偶尔写作，得空便想尽办法处理关于徐志摩文集的出版事宜。1936年10月，陆小曼和赵家璧搜集的《徐志摩全集》的书稿基本凑齐，约有十卷。她希望胡适能把徐志摩生前余下的文稿拿出来，一同编入文集中，并邀请他为《徐志摩全集》写序。不过，胡适对此事兴趣不大，这事便作罢了。

陆小曼预估，若一切顺利，1936年下半年，良友图书公司就可以将志摩的书出版。不承想，她竟做了一个梦。梦中，她遇到了徐志摩，志摩告诉她，不等九年十年决不会实现。“十年前当我同家璧一起在收集他的文稿准备编印‘全集’时，有一次我在梦中好像见到他，他便叫我不要太高兴，‘全集’决不是像你想象般容易出版的，不等九年十年决不会实现。我醒后，不信他的话，我屈指算来，‘全集’一定会在几个月内出书，谁知后来固然受到了意想不到的打击。一年一年地过去，到今年整整十年了，他倒五十了，‘全集’还是没有影儿，叫我说什么？怪谁，怪谁？”即使如此，她仍决心把他的书印出来，让更多人记住他，认识他。

陆小曼将整理好的稿件交给胡适，不久收到了他的来信，说商务印书馆愿意支付版税两千元，让她尽快签约。商务印书馆的影响力胜过良友图书公司，她考虑再三，与商务印书馆签下了合同。她当时想，一来她的生活需要钱；二来版税已付，书一定会尽快出版。这件事，由于陆小曼临时改变主意，使赵家璧和良友图书公司颇为生气。赵家璧找胡适理论，胡适之后将自己的作品《南游杂忆》的稿件交给他，虽然只有5万字，但也只能如此，当作补偿。

当陆小曼交付完稿件，商务印书馆问她要不要自己校对的时候，抗战的枪声已经打响了。那时，她卧病在床，答应病愈后立即去看排样，却不承想炮弹已在房顶飞来飞去。

她不怕头上的炮弹，却怕徐志摩的书稿因抗战而停止出版。她心急如焚，但也只能等到身体好转。三个月后，她身体康复，军队已从上海撤退。她再去商务印书馆询问，得到的答复是打算搬迁别处，当下毫无印书的打算。她说：“再去‘商务’问信，他们已经预备迁走，一切都在纷乱的状态下，也谈不到出版书的问题了。他们只是答应我，一有安定的地方是会出的。我怀着一颗沉重的心回到家里，前途一片渺茫，志摩的全集初度投入了厄运，我的心情也从此浸入了幽怨中。除了与病魔为伴，就是成天在烟云中过着暗灰色的生活。一年年过去，从此与‘商务’失去了联系。”

抗战结束后，陆小曼一度陷入兴奋中，心想一定有机会出版《徐志摩全集》了。等商务印书馆迁回，她再去询问时，才得知稿件已全部丢失。听到这个消息，她的心如坠万丈深渊，不知该如何形容。在绝望中，她还心存一点希望，那便是找回丢失的稿件。这一找又过了三年，其间她病倒，辗转托人，等待……真是一言难尽。

1957年4月，有一家出版社邀请卞之琳编《志摩诗选》，向陆小曼要徐志摩的照片和手迹，她欣喜至极。她说："果然，今天我得到了诗选出版的消息！不但使我狂喜，志摩的灵魂一定更快感，从此他可以安心地长眠于地下了。诗集能出版，慢慢地散文、小说等，一定也可以一本本地出版了。"

那时，商务印书馆已经找到稿件，并将稿件还给了陆小曼。皇天不负苦心人，她的所有努力都没有白费，也没有辜负任何一个人。虽然过程曲折辗转，好在完成了他的遗愿。

后来，徐志摩的书如陆小曼所愿，一本本地全部出版了。1969年，蒋复璁和梁实秋编了《徐志摩全集》，虽名为全集，实则不全；1983年，香港商务印书馆出版《徐志摩全集》五卷，这才补齐为一套真正的全集。

可惜，那时陆小曼已离世，这则好消息她听不到了。不过，她生前心愿已了，此后也可以安眠于地下了。

徐志摩去世后许多年，她几次身体大坏，缠绵烟榻，朋友们依旧不喜与她往来。她无论如何努力，仍被外界误解着。她不解释，不辩白，只愿默默耕耘，尽此生最大的心力。当她关闭心门，外界的流言蜚语与她又有何关系？在生死、爱情面前，流言蜚语又算得了什么。

1962年，陆小曼写了一篇关于王赓的辩白文章。当时，沈醉在《文史资料选辑》中写了一篇叫作《我所知道的戴笠》的文章，其中有这样一段："在一二八上海战争期间，便有一个旅长王赓和死去了的名诗人徐志摩的爱人陆小曼闹恋爱，陆当时为上海的红舞女，王追求陆挥金如土，最后因无钱可花，而带着地图去投日本人。"

她为王赓鸣不平，如实交代王赓只是误打误撞进了日本的军事机关。他高度近视，心里又想着开炮的事，等发觉此处不妙，再想逃跑已经很难。因为当时租界不能随便抓人，他便提出请求，去巡捕房转一转。在巡捕房中，王赓将作战地图偷偷给了中国人来代为保管，这才让外界起了流言。

她虽辩白，却不是为自己。她可以自己受委屈，但她在乎的人不能。

二十几岁的陆小曼，遇到任何不公，便大声嚷嚷着要辩白。她的日记中，尽是委屈、不甘心、不被理解。徐志摩去世后，她变了，她除了诉说思念之痛，讲述生活的悲凉外，更多的是关于为徐志摩出书的事。

徐志摩是她心口的朱砂痣，不能消除，也不能忘。她明志修行，与时间对抗，终于活得通透。正如她所言：“这幻妙的人生真使人难说难看，所以简直地给它一个不想不看最好。”

急于解释，无济于事，因为反击外界流言最有力的利器是行动和成绩。一旦做到，就能证明自己。

每个女子，都要立志做点事

几乎每个人都渴望人生获得圆满，不留遗憾，所以不少人活得尽情尽兴，试图做最好的自己。最好的自己有两种，一种是经历坎坷，渐渐看透人生，慢慢地活出了最好的自己。他们抬起高贵的头颅，不再为任何人低眉。另一种是在遭受打击后，隐世而居，深锁心门。

可能在许多人看来，后一种实在算不得活出最好的自己。但不能否认，这是一个全新的开始。最好的自己，并非一定是我行我素、招摇任性，有时温软柔情、安分守己，也是最好的自己。他们在岁月里不惊不扰，打磨技艺，也打磨着心性。慢慢地，他们越来越清晰，自己到底要怎样活。

他们剥落外在和形式，向内探索，让自我归于安宁，让灵魂找到归处。

陆小曼自幼学习书画，婚后徐志摩又帮她寻找名师，终拜山水画家贺天健为师。为了让她安心学画，徐志摩、贺天健与她约法三章：老师上门，杂事丢开；专心学画，学要所成；每月五十大洋，中途不得退学。

徐志摩的一番苦心，陆小曼自是懂得。她虽慵懒散漫，却也画得认真。1930年，她师从贺天健学画，1931年春即画完一幅山水长卷。徐志摩将画带到北平，四处请名人题跋，其中贺天健题诗曰："东坡论画鄙形似，懒瓒云山写意多；摘得骊龙颔下物，何须粉本拓山阿。辛未年中秋后八日，天健。"

胡适题字道："画山要看山，画马要看马，闭门造云岚，终算不得画。小曼聪明人，莫走这条路。拚得死工夫，自成其意趣。小曼学画不久，就作这山水大幅，功力可不小！我是不懂画的，但我对这一道却有一点很固执的意见，写成韵语，博小曼一笑。适之。二十年（1931年）七月八日，北京。"

杨铨看完胡适的题字，写道："手底忽现桃花源，胸中自有云梦泽；造化游戏成溪山，莫将耳目为桎梏。小曼作画，适之讥其闭门造车，不知天下事物，皆出意匠，过信经验，必为造化小儿所笑也。质之适之，小曼、志摩以为如何？二十年（1931年）七月二十五日，杨铨。"

陆小曼在绘画上天赋异禀，可偏偏静不下心来认真画画。

徐志摩在世时，她千百个不愿意为了画画吃苦；徐志摩离去后，她反而痛下决心，认真画起画来。她发誓，要在短时间内成就一番事业。她整日作画，忙到连喝杯茶的工夫都没有。

她在给胡适的信中写道：

> 我自从出痧子以后，天天忙着画，简直可以说忙得连喘气的工夫都没有，因为我在病中感觉到一种痛苦，是不可言语的，在我的思想上因此也变了一种观念，病好了立刻看透一切的一切，忘记了一切的一切，我发誓在短时间要成功一样事业，这两个月内我的成绩不算坏了，上星期几个朋友一起开了一个扇子展览会。一个学画不到一年的我居然也会在许多老前辈里面出品，卖十六元至十元一把，拿去几幅不到一星期都卖完，还有外省来定的，你看，是不是运气？也许是天可怜我，给我一条最后的路可走。如此也好给我些勇气，我现在画的，自己看简直没有什么好处，不过朋辈都惊奇我进步得迅速，也许他们骗骗我高兴而已，不过这也是我一种苦心……
>
> ……我托老邓的事他因何不办，多少钱请你先付，我即刻寄去，请你给我买一点旧纸，好墨，旧颜色，我现在一天到晚心都在画上，古宫的画真想看看去。

徐志摩的死，带走了陆小曼全部的颓唐、迷醉、我行我素、妖娆妩媚，却带给了她志气、平静与祥和。老天向来公平，拿走了你认为重要的、好的，但也可能给你更好的。若不是徐志摩遭遇意外，她今生也许再不能激发出另一种天性与灵性。

佛说，你本性具足。每个人生来都有各种潜能，只待你去开发，去发现。

陆小曼不仅画画，有时也会写作。她除了给徐志摩的遗作作序，还写了《牡丹与绿叶》《谈文房四宝》等文章。1946年，陆小曼应作家、编辑家赵清阁之约，开始创作小说《皇家饭店》。

故事讲述的是一个叫王婉贞的女人为了给孩子治病，到皇家饭店打工。工作中，她见到了形形色色的人：戏子、阔太、舞女、皮条客、女学生。这些人物迷离旋转，一个个走向舞台，又退下舞台，像走马灯。王婉贞冷静地看着这一切，好像一切与她无关。当孩子病重，她急切的心突然轻松了，像一个负重前行的人，偶然卸下重物。她想：即使孩子被病魔夺走生命，她也不能堕入火坑，过那种不愿意过的生活。

赵清阁评价该小说："描写细腻，技巧新颖，读之令人恍入其境，且富有戏剧意味。"他还说，这个故事反映了陆小曼正义的思想心态，为她的素质和出淤泥而不染的心而感到高兴。

在诸多人看来，这个故事中的女主角过于狠心。大家认为陆小曼没做过母亲，所以她才能写出轻松面对失去孩子的结局。

其实不然。生命的逝去，任谁都不能改变。陆小曼没有失去过孩子，但她失去过徐志摩，懂得失去的滋味。她的跳出火坑，并非坦然放下心中至爱，而是带着两个人的愿望勇敢前行。她尝过痛苦与失去，自然不愿天下女子为了失去孩子、父母、爱人而痛不欲生。她鼓励他们放下，让他们活得自在和洒脱，活着的人，更要加倍努力，好好生活。

1939年10月，她写下了《中秋夜感》，在文章中再一次怀念徐志摩。她看到自徐志摩去世后诗坛似乎没有他在世时热闹，不禁心生感慨。这不是他想看到的结果，如果他还在，一定会感到遗憾和心痛。只是，她没有办法将众人对诗歌的热情拉回来。她怕徐志摩在另一个世界着急、难过，便抛砖引玉，写下了《秋叶》一诗：

一声声的狂吼从东北里
带来了一阵残酷的秋风，
狮虎似的扫荡得
枝头上半枯残枝

飘落在蔓草上乱打转儿，
浪花似的卷着往前直跑
你看——它们好像已经有了目标！
它们穿过了鲜红的枫林：
看枫叶躲在枝头飘摇，
好像夸耀它们的逍遥？
可是不，你看我偏不眼热！
那暂时栖身，片刻的停留；
但等西北风到，它们
不是跟我一样地遭殃，
同样地飘荡？不，不，
我还是去寻我的方向。
它们穿过了乱草与枯枝，
凌乱的砾石也挡不了道儿；
碧水似的秋月放出了
灿烂的光辉，像一盏
琉璃的明灯照着它们，
去寻——寻它们的目标。
那一流绿沉沉的清溪，
在那边等着它们去洗涤
满身沾染着的污泥；

再送到那浪涛的大海里，
永远享受那光明的清辉。

她终于给了他整个的爱，将身心全部投入了他的理想和期许中。她好似那秋叶，在秋风中找到了目标，在目标中归彼大荒。

她的回归，是由秋到春的升华。

1933年清明，陆小曼到海宁硖石为徐志摩扫墓，有感而发，创作了一首小诗：

肠断人琴感未消，
此心久已寄云峤。
年来更识荒寒味，
写到湖山总寂寥。

此番转身离开后，她再没回过硖石。

晚年，陆小曼并未闲着。她与好友王亦令合作翻译了《泰戈尔短篇小说集》，又翻译了艾米丽·勃朗特的自传体小说《艾格妮丝·格雷》，还编写了通俗故事《西门豹治河》。

徐志摩宠爱了陆小曼五年，陆小曼回馈了徐志摩半生。她用余生为他呕心沥血，为他寂寞老去。当繁华落尽，美人迟暮，她依旧努力着，耕耘着。她写完《皇家饭店》后，说：“我写完了，很累，可是我的心里好开心！”

由此也就不难看出，她为何写女主角放下包袱了。因为她心里的包袱一背就是一辈子。但在她心里，这不是包袱，是让她活下去的勇气，是她心中的一盏明灯。只有将包袱和痛苦化为心光，她才能好好地活下去。

她也愿天下人，能将大风大浪当成心灵的启迪、灵魂的灯塔，用它来照亮自己前行的路。

不怕向生活低头

世人爱梦，好梦难醒。纵然回到现实，心头萦绕不去的，仍是梦中事。《枕中记》中记录了借枕做梦的故事。当年卢生在邯郸客店遇见道士吕翁，得授青瓷枕。他在梦中娶妻生子，出将入相，寿至八十余岁而终。醒来后，店主笼屉上的黄粱未熟。卢生感慨万千，写诗一首：“四十年中公与侯，虽然是梦也风流。我今落魄邯郸道，要向先生借枕头。”

多少人，明知是梦，也想借枕睡一睡，做一做梦。正如人生，明知是戏，偏演得认真。毕竟，我们每天都在人生的舞台上演着，唱着，本是戏中人，又怎能解得脱？岂止人生大梦难醒，戏里的梦，难道就肯醒吗？还不是沉溺戏中，不肯舍去，在虚无的世界里放纵自己。

每次回忆前二十几年，陆小曼都像做了一场梦。梦中灯光闪烁、人影迷离、歌声阵阵……她沉溺其中，不能自拔。待徐志摩匆匆离去，她才从梦中惊醒，原来是徐志摩“授她青瓷枕”。如今，他走了，她回到现实，才发觉腹中空空，家中再无余粮。

徐志摩在世时，她从不考虑钱从何而来，也不知道柴米油盐的价格；徐志摩去世后，家里再无经济来源，她一下子陷入对生活的恐惧中。她写信给徐申如，希望他能给她生活费用，毕竟她是徐志摩的遗孀。

徐申如对她早已失望透顶，与她断绝了往来，自是不肯给她一分一毫。无奈之下，她只好写信向胡适求助：

> 我才起床了两天，许多事还没有力气去做，我以后的经济问题，全盼你同文伯二人帮助了，老太爷处如何说法文伯也都与你说过了，我只盼你能早日来（最好王文伯未走之前），文伯说你今天来信又有不管之意，我想你一定不能如斯地忍心，你爱志摩你能忍心不管我吗？我们虽然近两年来意见有些相左，可是你我之情岂能因细小的误会而有两样吗？你知道我的朋友也很少，知己更不必说，我生活上若不得安逸，我又何能静心地工作呢？这是最要紧的事，你岂能不管呢？你怕你心肠不能如斯之忍罢！……

陆小曼怎能不知胡适对她有意见，可她没有办法，当下只有胡适能帮她说情。她放下身段，求他帮助，又岂是她愿意为之？提到钱，胡适只能更加心痛，若不是陆小曼挥金如土、纸醉金迷，害得徐志摩日夜为钱奔波劳碌，辗转南北两地，他定然不会失去这位至交。

胡适当时并未答应说情，她只好另选他路，请他再次帮忙：

> 大雨也少志摩三百块钱，可否请你转向请他在年内给我，因为他在绸缎庄上拿的东西年底要算账的，我此时再没有钱来垫，不过听他也没有钱，不过比我终还好些。
>
> 北大的钱（十二月）你是带来吗，要过年没有还钱我这二个月就没有法子过。咳，金钱太可恶了，他要不是为经济，许还不至于死，我真恨，恨一切，从此再没有我喜欢的东西了。我天天吃药养身，可是还是瘦无人样，本来心碎如何能补？

陆小曼一次次请求胡适帮忙，但胡适对此事并不积极。胡适不想办的事，便不会上心，于是钱的事情一拖再拖，但眼下的生活四处需要用钱，陆小曼的困境却是再也不允许拖下去了。她只好再次写信：

……眼看年关就怕难过，叫我怎能不急，四面想法钱还是不够，新月穷得行中只有几千块钱，变卖首饰一时也无主，朋友穷的多，可是账又非还不可，你看如何？我想请你设法将校中二月份的钱在二号前给我寄来，最好你若有钱再给我多寄几百，我是到无法可想的时候才说此话的，向人借钱的事我是最做不来的，现在的日子是一天不如一天了，就是年过了，以后我如能过，二百五十元只够我吃药看病请先生吃烟。就算以后将以上几种都除去，也非有一半年的时候不成，叫我现在新伤未愈，病恹恹的时候，怎能立刻摆除一切呢？想起来简直是一天都度不下，不过愈想愈病，愈病是愈没有办法，只有听天由命罢。

我早知老太爷一样也不管，我也不多事去念什么经了，虽然事属迷信，不过我总觉得一点不做十分对不着他，已经不能让我回去陪伴他的灵，我已是终生抱恨的了，我们几年相爱，到今天连灵前都不能去，叫我怎能不恨？真怨，老爷子真也太不讲人情了，他失去儿子有女儿相陪，可不想想我从今以后变了孤单人，又没有小孩子，有谁能陪伴于我？他太不与人设想了，也怪我的命运太蹇之故，怨做什么？

对徐申如而言，徐志摩在世时，陆小曼是与徐家不相干的人；徐志摩走了，陆小曼更是与徐家再无关系。当初，徐申如让她回老家生活，陆小曼连圆场都懒得打，如今他这样做，算是绝情吗？在徐申如眼里，儿子是为她奔波而亡，如今还要他这把老骨头再为她而奔波吗？事已至此，陆小曼再怨又有何用？此时低头，总显得用人朝前，不用人朝后。

陆小曼的信一封又一封，胡适之所以不理，是因为她所谓的凄凉境地实在荒唐可笑。如果她食不果腹，他自当出手相助。可她仅看病请先生、吃烟就要二百五十元，殊不知，这二百五十元够普通人家生活多少时日？

只是，胡适还是心软了，去见了徐申如，并说通了他。徐申如答应每月给陆小曼三百元生活费，不过要到每月20日才能凭折取钱。陆小曼对此要求很不满意，又写信给胡适说，她想随取随用，不想定期取钱。而且，随取随用对徐申如来说，也并无损失可言。

徐申如这般做法实则大有深意。他太了解陆小曼如何用钱。钱只要到她手中，必定像沙漏一样全部漏掉。他只有限制她，才能让她的生活每个月有所保障，以免她一次把整个月的生活费全部取完用完，再四处借钱求人。

眼看陆小曼生活困难，有一个人选择了对她进行暗中帮助，这个人便是张幼仪。

张幼仪回国后，肯成全徐志摩与陆小曼，使得徐志摩对她另眼相看。后来，徐志摩每次缺钱用，都会去找张幼仪寻求帮助。

张幼仪心疼徐志摩——这个她曾经深爱的男子，为了陆小曼竟落到如此境地。她记得，有一次徐志摩讲学回家，嗓子疼痛。徐母心疼儿子，让用人为徐志摩熬制参汤补身，用人却不敢动。他们告诉徐母，陆小曼吩咐过，人参是给翁先生用的。

张幼仪又看徐志摩为供养陆小曼四处借钱赚钱，更是觉得悲哀。在张幼仪面前，他是多么骄傲的一个人啊，为了陆小曼，他却向生活低下了头。所以，每次张幼仪将钱给徐志摩时，都会对他说："这是你爹的钱。"

徐志摩死后，张幼仪开始偷偷给陆小曼钱。不过，为了维护陆小曼的尊严，张幼仪每次给她钱时，都对外人说陆小曼是阿欢的继母，自己应该帮助儿子尽到供养她的责任。直到翁瑞午找上门对张幼仪说他有足够的财产养活陆小曼时，张幼仪才停止了汇款。

陆小曼是恨过张幼仪的。她不明白，徐家二老为何要认她当干女儿，为何宁愿与张幼仪一起生活，也不愿与她这个正牌儿媳一起生活。

答案其实很简单，张幼仪是一个懂得付出的人。徐家人即使与她再无关系，她也不会与他们断绝往来，仍会赡养二位老人。正如张幼仪与陆小曼并无关系，但也愿意供养陆小曼一样。而陆小曼，是一个只会寄希望于别人付出的女人，她无法给徐家二老安全感，他们不相信她是一个可靠的儿媳。

一个人若总是索取，总有一天会把对方的耐心、情义全部索取殆尽。如果徐志摩没有去世，不知道他的爱情是否会被抽干。

曾经的徐志摩为生计有多愁，现在的陆小曼就要为生计有多烦。

曾经徐志摩向生活低了头，如今陆小曼也向生活低下了头。她令徐志摩发愁的事，终要自己经历一遍。

既然一切终归要来，那么所遇任何困难，都不该害怕向它弯腰。弯腰，不代表失败，不代表屈服，有时更代表一种勇气。你要有承认错误的勇气，有敢于承担的勇气，有放下身段的能力。

《金刚经》中说："是诸众生，无复我相人相众生相寿者相，无法相，亦无非法相。"一切放下，一切无相，又何来高低身段之说？

前半生，她在赚；后半生，她在还。

宋朝大儒朱熹给朋友写过一首诗："十年浮海一身轻，乍睹梨涡倍有情。世上无如人欲险，几人到此误平生。"

前生，她一定乍睹了梨涡之美，今世，才误了此生。

死都不怕，那还怕什么

多数女人理想中的白马王子是这样的：长得帅，有很多很多钱，还有很多很多爱。如果没有很多很多爱，有很多很多钱也是好的。当然，也有一部分女人，即使自己喜欢的男子没有很多很多钱，她们也愿意嫁给对方。

陆小曼一生有过三个男子：王赓、徐志摩、翁瑞午。她在王赓的世界里，享尽荣华富贵，所以才能“饱暖思淫欲”。她和徐志摩结婚后，他整日向她诉说缺钱的苦，所以她才越发觉得宠爱她的翁瑞午珍贵。徐志摩去世后，她的生活和心灵遭此打击，慰藉和依靠成了她余生最大的需求。

三个男子，如果陆小曼在不同的时间与他们相遇，定会是不同的结果。很可能，她不会与王赓离婚，不会爱上徐志摩，不会委身于翁瑞午。

什么都会变，但人的需求不会变。不同的时间，需求也不尽相同。所以每一个时间段无论世人如何议论，如何反对，她都会义无反顾。

徐志摩去世后，陆小曼一度一蹶不振，不知今夕何夕。她的心灵遭受重创，生活也陷入困境，加上身体多病，又要吞云吐雾，她真不知该如何料理今后的生活。

陆小曼不懂持家，更不会理财，家中无主，她一时惊慌失措。父母给了她富贵的生活、良好的教养，却没有告诉她，遭遇种种境遇时该如何自处。此时，翁瑞午便是那救命的稻草。当朋友与她断绝往来，信任的人离她而去时，她唯一可以依靠的便是一直守在她身边的翁瑞午。

1931年，徐志摩搭乘飞机参加林徽因的演讲会。临行前，他与翁瑞午恳谈，希望他能好好照顾陆小曼，翁瑞午答应了。徐志摩飞机失事，翁瑞午闻讯后第一时间赶到空难现场，帮助徐家人料理后事。同时，他信守承诺，一直给予陆小曼帮助。

他对她的关怀几乎无微不至。只要是她想做的，他无论牺牲什么都要帮她完成。徐志摩想把陆小曼调教成自己喜欢的样子，翁瑞午只想给她无尽的宠爱；徐志摩渴望陆小曼成长，翁瑞午接受、包容她的堕落；陆小曼身体没有小半天舒服，徐志摩为她整日痛苦，翁瑞午为她推拿减痛，为她提供阿芙蓉……

翁瑞午对陆小曼尽心尽力、任劳任怨，就连端茶递药，也必是亲力亲为。据翁瑞午长女翁香光回忆，她父亲最喜欢称“大好了佬”，遇到什么事情都习惯说：“我来，我来！”

有一次，翁香光去陆小曼家，见到一个奶妈，觉得很奇怪。陆小曼家中并无婴儿，为何要请奶妈呢？后来她才得知，陆小曼不吃牛奶，专爱吃人奶，说人奶更有营养。

翁香光曾在《父亲翁瑞午和才女陆小曼》的文章中说：

> 那时蜂蜜比较贵，可是陆小曼家里总是买很多，你猜她干什么用的？因为吃鸦片的人，肠胃不好，容易便秘。陆小曼就请人将蜂蜜放入针筒，注入体内，让肠胃蠕动。陆小曼吃了鸦片后，鼻子下面就出现两道黑黑的印痕，很难看。她就用一板嫩豆腐来揉擦，过一会儿就将黑黑的两道印痕擦掉了，然后再涂上蛋清，最后再用化妆品，画上淡赭色的眉毛，而不用黑色的眉笔。陆小曼对翁香光说：“这样才显得自然，而且看上去很温柔。”

翁瑞午家有妻子陈明榴和五个子女，同父异母哥哥去世后，留下嫂子和九个孩子，亦需靠他生活。他在养家的同时还承担着陆小曼巨大的生活开销。他在杭州有一座茶山，在上海拥有房产，家中藏有父母留下的字画古玩。他在上海上流社会是阔少，所以活得潇洒自在。他包场看戏、唱戏、捧角；他喜欢绘画，收集名家作品；他还喜欢跳舞，常去夜总会、舞厅等地。

他的爱好与陆小曼完全相同，两个惺惺相惜的人，怎能不一见如故？他们是彼此的知音，或许没有爱情，但一定有其他感情。

翁瑞午供养陆小曼所需的一切。后来，翁瑞午家道中落、经济困难时，便靠变卖书画古玩过活。他依旧养着陆小曼，直到去世。

陆小曼萎靡不振那段时间，他常常待到深夜才回家。抗战后他担任造船所处长，有特别通行证。有一次，他待到凌晨两点，说汽车坏了，便在陆家二楼烟榻上睡了一晚。此后，他常常安卧于烟榻，而陆小曼则睡在三楼。

那月，徐申如除了送来三百元生活费，还附上一张字条："如翁君已与你同居，下月停止了。"

翁瑞午得知此事后，毫不客气地搬到三楼，从此承担起了陆小曼全部的生活费用。他虽睡在三楼，却另设一榻。他知道她放不下徐志摩，不会乘人之危。爱一个人，不是占有她，而是尽全力地呵护着她。

不仅徐申如劝她离开翁瑞午，胡适也劝她，如若她离开翁瑞午，以后所有开销全部由他提供，但被陆小曼拒绝了。此后，胡适再不与她往来，彻底断绝关系。身边的朋友也劝她，认为这段感情会再一次把她推至风口浪尖，遭世人唾弃，但陆小曼仍不理会。

她连死都不怕，还怕别人的闲言碎语吗？她早已看透一切，别人可以提供生活供养，却不能抚慰她的心灵。她太寂寞了，身体太痛苦了，她早已离不开他。

徐志摩去世七年后，他们正式同居。她对好友王亦令说："我与翁最初绝无苟且瓜葛，后来志摩坠机死，我伤心至极，身体大坏。尽管有许多追求者，也有许多人劝我改嫁，我都不愿，就因我始终深爱志摩。但是由于旧病更甚，翁医治更频，他又作为老友劝慰，在我家中常住不归，年长月久，遂委身矣。我向他约法三章：不许他抛弃发妻，我们不正式结婚。"

陆小曼提出的要求，如若换成徐志摩，他一定会大叫："曼、龙龙，我要爱你的整个，你要给我你的全部……你爱我吗？你真的愿同我在一起吗？我一定要把你的灵魂杂质剔除干净，让我彻底地住进去，与你完全交融！"

可翁瑞午是翁瑞午。他不会像徐志摩那样引导她，带领她，他只会顺从她，只要她高兴，他便觉得满足。

《春申旧闻》中说："现代青年以为志摩是情圣，其实我以为做徐志摩易，做翁瑞午难。"

做徐志摩，只要敢于表白、表达和争取，便是追求所谓的爱情了。他之所以是情圣，是因为他信奉爱情至上的原则，将爱升华到至高无上的境地，自然是用情第一流。他对待佳人的方式，是要她将他心中完美的形象呈现出来。如若佳人不肯，他便懊恼、痛苦，觉得世间再无幸福。

做翁瑞午，却要内敛。爱、情、思，全部放到心底最深处，只做不说。他需要有一双善于观察的眼睛，时时察觉她所有的喜好、需求，尽一切可能满足她，哪怕是错的，也要倾尽全力支持她。他愿意为她摘下悬崖峭壁上那朵最美的花，即使粉身碎骨也在所不惜；他愿意为她倾尽家产，只要她能减少病痛，笑逐颜开；他愿意为她承受世间风雨，只要她不再被现实折磨，能苦尽甘来。他一直付出，不求回报。她当下就是最好的样子，即使牙齿全部脱落，身形枯瘦如柴。

一味付出并不难，难的是毫无怨言；一味爱一个人并不难，难的是不求任何回报；一味宠一个人并不难，难的是连错也愿陪她一起犯……

如果陆小曼是误入情海误终生，翁瑞午算不算也误了终生呢？如果陆小曼的余生是还一份情债，翁瑞午是否也在还一份情债？

世间有此男子，即使陆小曼对他没有感情，也已知足。有了他，她又有何惧？1955年，翁瑞午犯了错，患了严重的肺病，朋友们再一次劝她离开他，陆小曼再一次拒绝。她并非没有良心之人，即使再苦再难， 她也要帮他熬过去。

她后来说：“翁瑞午在1955年犯了错误，生严重的肺病，一直到现在还是要吐血，医药费是很多的，还多了一个小孩子的开支。我又时常多病，所以我们的经济一直困难。翁瑞午虽有女儿给他一点钱，也不是经常的。我在1956年之前一直没有出去做过事情，在家看书，也不出门，自从进了文史馆。”

生活的苦难不会击垮一个人，只有心灵支柱的崩塌才会。

她不怕死，不怕身体消亡，却怕心灵空空荡荡，那比身体死亡还可怕。

Chapter

08

平平淡淡是人生

自徐志摩死后，陆小曼再没怕过时间。她不问世事，只愿在自己的世界里绘画、写作、编著书稿。她活着的唯一目的，是完成徐志摩的遗愿，并非贪图生命的享受。

经历不会在心上刻下皱纹

每个人都想在这个世界上留下些什么，或照片，或文字，或一段刻骨铭心的爱情。少年人，盼望明天，因为明天才有无数可能；暮年人，回忆过去，因为未来只有归期。年少时，要证明自己，为自己留下成绩和回忆；晚年时，只有那一幕幕的经历，才能证明自己活过。

当陆小曼走进翁瑞午的生活，她另一段苦难的岁月也即将过去。或者说，因为有他的帮助，她从未缺衣少食。他对她的生活和情感，倾尽全力满足，不过他们不是夫妻，陆小曼对他并没有约束力。

据王亦令回忆，他们同居多年后，“翁瑞午居然勾搭自己跟陆的共同义女”，二十八岁的义女怀孕，其母大闹，闹得满城风雨、尽人皆知，陆小曼却若无其事。她说：“我之所以一点都没有醋心，实在是由于我对翁瑞午只有朋友的感情，早已不存在什么爱情了。”

但是，陆小曼多了一个孩子，还要照管孩子的开支。

她和他的关系不清不楚、不明不白，如今正式同居，朋友们更是看不下去。赵家璧和赵清阁劝她要么和他一刀两断，要么和他结婚，问她这样下去算怎么回事。

陆小曼说：“志摩死了我守寡，寡妇就不能交朋友吗？志摩生前他就住在同楼里，如今他会搬出去吗？况且十几年来他很关心、照顾我，我怎么可以如今又对他不仁不义？外间的流言，我久已充耳不闻了，反正我们只是友谊关系，别人怎么看，随它去。我问心无愧。”

徐志摩生前，她和他不尽相同，但骨子里很登对。当初徐志摩去风流场所，她虽有醋意，可她更在乎他爱不爱她。如今，陆小曼和翁瑞午同居，她在心理上待他仍是友谊。

十几年了，她仍放不下徐志摩，仍要为他守寡。

他去世前，准备行李时，陆小曼问他：“你准备怎么走呢？”

徐志摩说：“坐车！”

陆小曼担忧道：“到南京还要看朋友，怕19日赶不到北平。”

徐志摩说：“那我坐飞机……”

陆小曼听了不高兴：“跟你说过多少回了，不许坐飞机！”

徐志摩却满不在乎："我喜欢飞啊，看人家雪莱，死得多风流。"

陆小曼嗔道："你净瞎说。"

徐志摩问她："你怕我死吗？"

陆小曼置气道："怕？！你死了我好做风流寡妇。"

他确实死了，死得如雪莱般风流，她却没能做成风流寡妇。她恨他去了另一方世界，恨他走了再不肯出现。她总是幻想，也许有一天他能回来，或者停留在一个她看不见的地方。

她相信他的灵魂仍然活着，他才是最清醒的人，而活着的人却如梦似幻、浑浑噩噩。后来的几十年，她每每提笔，一定会写徐志摩。她回忆他生前的期望，回忆泰戈尔在他们家的故事，一切恍如昨日，而他也从未离开，只是去了远方工作。

陆小曼可以接受翁瑞午的供养，甚至不让他抛妻弃子，给自己一个"太太"的名分。可翁太太又如何能接受得了她的丈夫与陆小曼日夜厮守，又与干女儿做出有违常伦的事？翁太太离不开翁瑞午，翁瑞午离不开陆小曼，陆小曼也离不开翁瑞午。

翁太太不得不学会自我解脱。如同陆小曼，可以将精神与身体分开。也如同翁瑞午，只需付出，不问收获。而翁陆二人也要学会从对第三个人的伤害中解脱，不心存愧疚，不心怀抱歉，否则他们将永远无法和谐共处。三个人的关系中，必定有一个人要受到巨大的伤害。如果他们都考虑受害者的感受，那么这三个人都会痛苦。

所以，多数人的选择是，宁可牺牲一人，也要成全自己。

翁太太五十二岁去世，翁香光冲到陆小曼家，对父亲气呼呼质问道："你为什么不早点与母亲离婚？如果早离婚的话，她还可以找个好人，过上几年舒心的日子！"说完，又对陆小曼喊道："你为什么抓住我父亲不放？为什么？为什么？你说，你说呀！"

对翁瑞午来说，是因为陆小曼不让他离婚。对陆小曼来说，她与他只有友谊，她不想拆散他的家庭。她不想抢走谁，也不想抓着他不放，一切都是翁瑞午主动提供的帮助。或为了完成对徐志摩的承诺，或因为他确实爱着陆小曼。

更何况，陆小曼需要翁瑞午。他懂生活、讲情趣，还会融雪煮茶，下厨做饭。他讲笑话讨她开心，唱戏逗她取乐。他不仅供养着陆小曼，还养着她的表妹，以及她的两个外甥和所有用人。

最重要的是，陆小曼无儿无女，他担心自己百年之后陆小曼孤独无依，便把四女儿翁重光过继给了陆小曼。女儿同陆小曼住在三楼，没多久又回到了自己的家。因为翁重光不能接受她半夜不睡，天亮不起。

陆小曼如何能放手？少了他，她还能活下去吗？恐怕不能。纵然胡适愿意供养她，他能坚持多久？即使不从生活考虑，他能给她日夜相守的慰藉吗？他能日日逗她开心，打发她难熬的时光吗？

谁也不能。纵然徐志摩在世时，陪伴她最多的也是翁瑞午。徐志摩整日为了金钱奔波，婚后陪过她几时、几日？她一生最怕寂寞，却只有翁瑞午可以帮她消解。在陆小曼面前，翁瑞午彻底做到了“无我”，妻儿、家产都不及她的一颦一笑。

1952年翁太太去世后，翁瑞午问他的女儿们：“你们的母亲已经去世，你们也不要太难过，就让陆小曼来当你们的母亲，好吗？”几个女儿不明确态度，或低头不语，或表示要考虑几日，或称不想知道家中的事。于是，翁瑞午想和陆小曼结婚的事便作罢。

虽无名分，不过陆小曼在填写表格时，“家庭成员”一项，仍会写上翁瑞午。

这许多年来，她早已习惯有他。她对他虽无爱情，却也不仅仅有友情，还有一份斩不断的亲情。

1961年，翁瑞午因肺病住进中西医院。临终前两天，他请来赵家璧和赵清阁二人，两人回忆说：“‘好友（翁瑞午）’抱拳拱手地招呼我们，说道：‘今后拜托两位多多关照小曼，我在九泉之下也会感激不尽的。’”

徐志摩走了，翁瑞午也走了，最后，还是只剩下她一个人。

陆小曼说："这个世界上没有不带伤的人，无论什么时候，你都要相信，真正治愈自己的，只有自己。"

斯人已去，徐志摩还记得陆小曼吗？翁瑞午还想着她吗？他们深深地刻在活着的人心里，那死去的人，又记得谁？

苏东坡说："人似秋鸿来有信，事如春梦了无痕。"人死后其实什么也没留下，如同一场梦，无影无踪。

过去心不可得，现在心不可得，未来心不可得。虽然经历了一切，痛了，伤了，笑了，哭了，终究已过去，如云烟消散。

相信命运的安排，它会给你最好的

时常有人抱怨命运不公。仿佛老天偏与他作对，将世间种种苦难全部施加在他一人身上。可是，谁的人生无苦难？有些取得大成就者，可能比常人承受了更多的艰难与痛苦。也正因为他们真金不怕火炼，最终才成就了更完美的自己。他们常说，感谢经历，感谢苦难，是逆境让他们成长和收获。

有些人则对此持不同的看法，认为苦难就是苦难，不值得感谢。

两种想法，两种人生。一种在苦难中成长，磨炼自己；另一种在苦难中怨天尤人，虽没被苦难击垮，但活出了一身怨气。

我们不能改变苦难，唯一能改变的是自己。你可以在逆境中成长，也可以在逆境中堕落，但唯有成长才能收获。你不能在承受了苦难之后，还要失去斗志，哀天怨地，放弃成长的机会。

如果你愿意接受它，并成长起来，逆境便是礼物；如果你否定它，逃避它，抱怨它，逆境便是压倒你的最后一根稻草。

不得不说，陆小曼的一生是幸运的。她出身富贵，嫁得贵夫，后来遇到爱情，最后又有知心人伴她余生。抛开青年丧夫，她的一生几乎称得上顺风顺水。生活上的不如意，谁没有呢？但是，并非人人都能如她这般幸运，总是在最需要的时候，遇到恰逢其时的人。

1960年前后，国家物资奇缺，一包烟、一块肉都来之不易。翁瑞午冒着酷暑、顶着严寒排长队为陆小曼弄吃食。他有一个香港亲戚，经常给他寄副食品，他取十分之一留下，其他全部送给陆小曼。

陆小曼的干女儿何灵琰后来回忆道：

现在想想这个人也算多情，他对干娘真是刻意经心，无微不至。徐干爹去世后，他更是照应她，供养她。后来干娘烟瘾越来越大，人更憔悴枯槁，而翁干爹又是有妻有子的人，她给他的负担重，而他却能牺牲一切，至死不渝。细想若无翁瑞午，干娘一个人根本无法活下去。

翁瑞午至死都对陆小曼照顾得无微不至，让她这个风华绝代的名媛不至于贫病交加、晚景凄凉，也算是有情有义。

早年，陆小曼以名媛和交际花立世；晚年，她以画家身份扬名。自她决心做一番事业起，除了编书和写作外，画画几乎占据了她大部分时间。在她生活最为艰难的时候，她靠卖扇面赚取小钱，以应生活之需。

少时，她习画、画画，不过是为了消遣时光，提升名媛气质。后来，她绘画只为完成对徐志摩的承诺。1941年，她在上海大新公司楼上举办了首场个人画展，展出的画作有一百多卷，画展中多有山水卷、花鸟卷，取材生动，画艺精湛，受到不少好评。

此后，她的画作又在1949年、1955年两次入选全国美术展。1958年，她加入上海美术家协会，并成为上海中国画院专职画师。1959年，她被全国美协评为“三八”红旗手。1964年秋，陆小曼又投入大量精力，完成了杜甫草堂四幅条屏山水。

20世纪50年代，陈毅任上海市市长，偶然发现了陆小曼的画，因听过徐志摩授课，顾念“老师”的未亡人，又了解到她生活不尽如人意，便于1956年将陆小曼安排为人民政府参事、文史馆员和画院画师。此后，她的画作不再出售，专交画院，她不用上班，每月收入八十多元。那时，她已戒烟，但每日所需药费仍要三元左右。这笔收入，对她而言已是惊喜。

陆小曼说："我爱大自然，但我无法旅游（因病），因此我愿陶醉在丹青的河山风景中。"

苦难到底是好是坏，难以一概而论。对陆小曼来说，她宁可不要这名气，只愿换回她的爱人。可又不得不承认，苦难成就了她，让她不再是一个只会吃喝玩乐、跳舞打牌的交际花，而成为一个真正出色的人物，一个奇女子。

2004年，上海中国画院举办了"朝花夕拾——海上女画家作品回顾展"，展出的作品出自中国画院先后任职的八位女画师，其中一位便是陆小曼。

收藏界人士称，陆小曼的画作升值迅速，画价已攀升至同时代女画家之首。一方面，因为她是大诗人徐志摩的遗孀；另一方面，因她的画作笔力清健，意境不俗，因此才获得了市场的认可。

徐志摩爱上陆小曼，绝非只爱她的美貌，而是更爱她的才华。他太了解她，深知她骨子里有无限的灵性有待激发。他迫不及待，想尽快看到她的绽放。而陆小曼，则是"怀才"却不肯"产子"的懒散少妇，她只想随心所欲、快活自在，等将来再证明自己。

她相信自己是有才华的，更相信自己能成就一番事业。只是，那时她才二十几岁，认为一切都还来得及。她和他，未来还有几十年的路要走，又何必争一日之短长？她想等身体好了，等玩够了，等老了，再陪他归隐山林，做一对只羡鸳鸯不羡仙的伴侣。

那时，再写诗作画，赏花观山，岂不美哉?

命运向来无常，既有从天而降的惊喜，也有突如其来的打击。它甚至会打破我们完美的幻想，让我们感受美梦破碎的滋味。

不知，老天是不是为了帮她走出舒适区，才故意给她一记重击。然而，她所感知的，是它太过残忍，击中了她此生最大的软肋。

2000年，陆小曼和徐志摩共同编写的话剧《卞昆冈》在上海首次公演。这是一部诗歌话剧，不少台词读起来像是一首美妙的新诗。剧本唯美，肉铺老板讲起话来都充满了文气。故事虽美，发展和推进却稍显平淡，让事件显得波澜不惊。

观众是奔着徐志摩和陆小曼的名气去看的，对故事好坏并不计较，他们只想透过话剧，欣赏徐陆二人心底最完美的故事。

徐陆二人之事再一次被翻出来，他们创作时的故事也被人们议论纷纷。1928年，徐志摩为了让陆小曼写作，带着她一起写了《卞昆冈》。这是他们唯一合作的剧本，也是当时他们热恋时的产物。

那时，他哄她、骗她、劝她、逼她……只要她肯往创作方面走，他就一定不放过机会。他让她想故事情节，他代为执笔。因此，陆小曼才肯动脑筋一起帮着想。

这部戏虽隔了几十年才搬上舞台，但终不负徐志摩的努力。有人说，陆小曼害了徐志摩，也有人说，徐志摩害了陆小曼。不管谁害了谁，徐志摩的出现和离世，终究是成就了陆小曼。

很多时候，我们深信苦难伤害了自己，是因为我们只看到了它带来的痛苦，却没有看到它带来的力量。

谁说女人怕时间

时间最是无情物，不等你准备好，便已匆匆远去。它让你体会失去，感受遗憾，眼睁睁看着自己年老色衰，直至生命走到尽头。女人最怕时间，怕它在脸上刻下皱纹，怕它让爱情变得平淡，怕它让生命变得黯淡。

但时间也最有情，能让你慢慢沉淀，活出自己想要的样子。有人虽失去靓丽容颜，却活出了优雅与自信；有人虽失去爱情，却能华丽转身重塑灵魂与自尊；还有人虽历经沧桑，却得到了智慧与经验。

每个人都拥有时间，关键是如何利用。你可以与时间赛跑，争分夺秒；也可以与时间为伍，伴它左右；还可以甩掉它，忘记它的存在，一念万年。

1959年，苏雪林见过一次陆小曼，她回忆说：

> 她那时是住在翁瑞午家里。志摩逝世后，小曼穷无所归，依瑞午为活。我也不知道翁瑞午是否有妻儿，总之，小曼住在他家里，发生同居关系是万难避免的事。小曼长年卧病，延见我们也是病榻上。我记得她的脸色，白中泛青，头发也是蓬乱的，一口牙齿，脱落精光，也不另镶一副，牙龈也是黑黑的，可见毒瘾很深。不过病容虽这样憔悴，旧时风韵，依稀尚在，款接我们，也颇温和有礼。翁瑞午站在她塌前，频频问茶问水，倒也像个痴情种子。

王映霞也说：“小曼把自己糟蹋得厉害，牙齿全部脱落，没有镶过一只，已经成为一个骨瘦如柴的小老太婆了。”

1947年，陆小曼再一次去医院戒毒。她不再用鸦片麻醉自己，也不再沉溺于迷醉的梦幻之中，即使身体总有小半天不舒服，也不肯再吸一口鸦片。

翁瑞午去世时，她不顾世人眼光去送他最后一程。曾经她没来得及送一送徐志摩，如今她不能不送翁瑞午。他陪伴她三十三年，不管她曾经年轻俏丽，还是后来垂垂老矣，他始终都不离不弃，相伴左右。

对于她的出现，翁家人表现出了极大的理解，并安慰她，劝她节哀顺变。她再也忍不住，在翁瑞午灵前恸哭。

这哭声，太过悲凉。她身为徐志摩的妻子，徐家人却拒绝她去参加葬礼，令她抱憾终生；她身为翁瑞午的“情人”，却得到了翁家人的理解，这不是太过讽刺了吗？

可是，世间事，本就荒唐可笑。

翁瑞午去世后，她在家里供奉上翁氏祖先和翁瑞午夫妇的灵位，当作他们还陪着她。她抽中华牌香烟，每次只抽半支，另一半给了照顾她的表妹吴锦。

她依旧喜欢黑暗，不拉窗帘，任凭昼夜交替。她忘记了时间，只是安安静静地画着、等着，等着徐志摩和翁瑞午带她去另一个世界。

晚年，她照顾着翁瑞午与义女生下的私生女。还好有她，至少陆小曼不会太过寂寞。

赵清阁也经常去看她。陆小曼向她诉苦，称编《徐志摩全集》十分困难，并道谢说：“现在大概只有你会这样耐心地跟我说话。”

1952年，陆小曼五十岁大寿，赵清阁送她一束墨菊和黄菊。1954年，赵清阁四十岁生日，陆小曼亲自去道贺。

徐志摩去世后，虽然诸多好友与她断绝了往来，但好在这一路上，她又收获了新朋友。正如赵清阁初见她时，说：“冬天即将过去，春天就要到了，一切都将开始新兴。”

后来，陆小曼感谢她，拉着赵清阁的手说：“看来只有你也只有你才是真正地爱护我的挚友。你让我看见了光明，你让我呼吸了新鲜空气！”

陆小曼待赵清阁也不错。她给赵清阁绘制扇子，为她手织白色西绒线背心。她拿不出珍贵的礼物答谢好友，只能拿出真诚来，一笔一画地绘，一针一针地织。

陆小曼一直是手不能提、肩不能扛的女子。她大半生有用人服侍，有爱她的男人呵护。如今，只剩下她一个人，她不得不做起粗活，过起平常百姓家的生活。

1964年中秋，陆小曼因肺气肿和哮喘病住入上海华东医院。赵清阁带着月饼去看她，陆小曼说：“难为你想到我，今年我还能吃上月饼，恐怕明年就……”陆小曼再也说不出话来，不是因为难过，而是因为肺病和哮喘。

赵清阁拿出一块豆沙馅月饼给她，她吃得津津有味，过了一会儿又说：“我的日子不会多了！我是一个无牵无挂，家徒四壁的孤老，是解放救了我，否则我早死了，我感激共产党。”

此时，陆小曼早已将生死置之度外，生或死于她而言并无不同。

几天后，赵家璧来看她，陆小曼说：“如果不解放，我肯定活不到今天；如果志摩生前知道，我们的共产党是这样好，他也会和我一样相信的，可惜他死得太早了。”

人生无常，稍纵即逝，她在年轻时展望着未来，又在晚年时常常提起旧人。她还是不能忘记徐志摩，对他的作品仍然放不下。

后来，陆小曼病情加重，大咳不止，几乎不能再说话。好友深知她时日不多，纷纷前去看她。她在弥留之际，仍期望朋友们帮助她，将《徐志摩全集》出版，届时以告慰她和徐志摩的在天之灵。

除此之外，她还有一个未了的心愿，希望能与徐志摩合葬。朋友们答应她一定做到，但陆小曼生前就不被徐家人接受，死后又怎能入徐家墓地?

陆小曼和徐志摩曾深信同一个真理：“真爱不是罪恶，在必需时未尝不可以付出生命的代价来争取，与烈士殉国、教徒殉道，同是一理。”

活着时，陆小曼和徐志摩可以为爱做主；死后，做主的是别人，他们再没能力为自己争取一分一毫。他们的爱，他们的遗愿，只能听从命运的安排，哪怕抱憾终生，也无能为力。

1965年春，赵清阁和应野平去看望陆小曼，陆小曼说：“我不会好了，人家说六十三岁是一个关口……最近我常常梦见志摩，我们快……快重逢了！”

她还说：“我还看到了王赓，他和志摩在那个世界里似乎还没有和解。唉，让他们去闹吧！反正我也要去了。”

死亡，不是终结，而是另一种开始。她对死亡毫无恐惧，她平静地等待着那一天。如果可以在另一个世界与徐志摩重逢，理应是一件值得庆幸的事。在那里，有太多重要的人，有她怀念了一生的人。

自徐志摩死后，陆小曼再没怕过时间。她不问世事，只愿在自己的世界里绘画、写作、编著书稿。她活着的唯一目的，是完成徐志摩的遗愿，并非贪图生命的享受。

她喜欢纸醉金迷，也不怕贫困潦倒。许多人说，她一生犯了太多错，她唯一的错，是一味追求奢华，让徐志摩丧生。

正如凌叔华所说：“陆小曼的错，是一般女子常有的错，但大家对她多不原谅……陆小曼生于富贵，却不慕富贵，不可否认她的挥霍，但那是她从小就养成的习惯。我们不要忘记陆小曼的父亲当时是政界、商界的领袖，怎能亏待家中八死一生的独苗？”

出身使然，在她眼里，“千金散尽还复来”，不必担心缺钱。

曾经她是绝代佳人，晚年她瘦成一把骨头，仍有风韵。

陆小曼的干女儿何灵琰说：

她从不刻意修饰，更不搔首弄姿。平日家居衣饰固然淡雅，但是出门也是十分随便。她的头发没有用火剪烫得乱七八糟，只是短短的、直直的，像女学生一样，随意梳在耳后。出门前，我最爱坐在房里看她梳妆，她很少用化妆品，但她皮肤莹白，只稍稍扑一点粉，便觉光艳照人。衣服总是以素色居多，只一双平底便鞋，一件毛背心，这便是名著一时、令多少人倾倒的陆小曼。她的一举一动，一颦一笑，都别具风韵，说出话来又聪明又好听，到现在为止还没有再见到一个女人有干娘的风情才调。

晚年的陆小曼，留有一张照片。她坐在石头上，穿着宽大的素服，对着镜头浅笑。她极为清瘦，但眼睛仍旧有神采，像是在说话。

她还是徐志摩爱着的陆小曼，从来没有变过。时光带走了她的一切，但那双眼睛里的光芒，却从未改变。

徐志摩说她：“（她）一双眼也在说话，睛光里漾起，心泉的秘密。”

她累了，想休息了。那双会说话的眼睛，本就不属于世人，只属于懂她的徐志摩。她快要闭上眼睛了，她心底的秘密，从此之后终将成为永远的秘密。

用笑容迎接生命的归宿

徐志摩曾说："她在坟墓的那一边等，等着你去亲吻，等着你去亲吻，等着你去亲吻！"当陆小曼深埋于地下时，世人再一次惊叹，徐志摩竟然又一次一语成谶，他深爱的陆小曼，即使已深埋地下，也不能与他合葬。

她在等着他去亲吻，等着他去亲吻，等着他去亲吻！

陆小曼临终将身后的"财产"做了安排。她将梁启超为徐志摩写的长联，以及她自己那幅山水画长卷，一起交给了表妹夫陈从周先生。接着，她又把《徐志摩全集》的纸样交给了徐志摩的堂弟媳。可惜，《徐志摩全集》的纸样，在徐家被抄家时丢失了一册，另外九包纸样因写着"此是学习材料，要保管好"，才得以幸存。

1965年4月3日，陆小曼永远闭上了眼睛，享年六十二岁。

她去世时，已是“文革”前夕。为了避免引起事端，很少有人敢来到她灵堂前祭拜，只有好友王亦令送来一副挽联：

推心唯赤诚，人世常留遗惠在；

出笔多高致，一生半累烟云中！

风光了半生的陆小曼，身后事显得无比冷清萧条。她因无新衣，只穿了一件破破的旧棉袄。赵清阁心痛难忍，为她换上了一套新的绸衣衫裤，这才保留了她最后的体面。

她身后无子女，又无片瓦寸土，她的遗愿是与徐志摩合葬，而徐志摩的儿子徐积锴（阿欢）不肯答应，使得她的尸骨一直未能入土为安。

她微笑着离去，因为她已安排完所有后事，终于能与徐志摩团聚了。不承想，她的骨灰，一直不能入土。她去世后，“文革”很快就开始了，朋友们不愿招惹是非，便一直将她的骨灰存放于某处。

直到1988年，陆小曼的堂侄陆宗枬、陆宗麒，及其堂侄女陆宗麟一起出资，才为陆小曼在苏州东山华侨公墓建造了纪念墓。墓碑上的刻字很简单：“先姑母陆小曼纪念墓。”墓碑上有一张陆小曼年轻时的照片，笑容灿烂，旁边青松环绕。

她此生与徐志摩合葬的心愿，终究没有实现。

提及此事，赵清阁说：

> ……陆小曼默默地带着幽怨长眠了。她没有留下什么遗嘱，她最后一颗心愿就是希望与徐志摩合葬，而这一心愿我也未能办到。我和她生前的老友张奚若、刘海粟商量，张奚若还向志摩故乡浙江硖石文化局提出申请，据说徐志摩的家属……他与前妻张幼仪生的儿子徐积锴不同意。换言之，亦即中国半封建社会意识不允许！

陆小曼和徐志摩是夫妻，两人一个葬在苏州，另一个葬在海宁。碍于种种原因，两人永远无法合葬，不仅对于当事人是遗憾，对于今人也是莫大的遗憾。

徐志摩生前，陆小曼虽对他不起，徐家人恨她入骨，但斯人已去，又有什么放不下的呢？她用余生弥补曾经犯下的过错，这份深情还不足以让她完成最后的心愿吗？

作家韩石山提起徐陆二人不能合葬一事时，情绪十分激动。他在《海宁没有明白人》一文中说：

> 每次去了，总要到徐志摩墓凭吊一番。看到新修的墓，孤零零地坐落在西山的半腰，不由得想：那么爱热闹

的人，就这么寂寞地躺在这儿的地下。原来的墓在东山，还有父亲陪着或是陪着父亲，父子两人还可以叙叙旧，解解闷儿。那么爱女人又让女人爱的一个人，他爱着也爱着他的海宁人，就没有想到过他的孤单？冬秋季节，穿过西山林木梢头，吹到海宁城里的呜咽的北风里，就听不出有诗人凄苦的长啸？

我自然知道为什么。众人心中不说却都怨陆小曼。你要是不嫁给我们的志摩，他的妻子就还是张幼仪，一个那么坚贞、那么能干，还有那么高的社会地位的女人，和我们的志摩多般配呀。志摩是1931年死的，你是1965年死的，守寡三十四年，得算个节妇了。这也让我们海宁人脸上有光彩。可你既不撞死也不守节，这让我们海宁人怎么办？虽说我们都知道你是我们志摩明媒正娶的老婆……

或许在徐家看来，陆小曼更适合与翁瑞午合葬。毕竟，他们相守三十三年，更像是一对白头到老的夫妻。正如韩石山所说，陆小曼虽然守寡，但未守节，到底令人非议。

2001年，陆小曼的表妹吴锦已是八十多岁的高龄。提及陆小曼唯一的遗愿，她还念念不忘，愿生前能达成此事，这样才能对陆小曼有个交代。

但众人的心愿，一直到今天也未达成。

或许，陆小曼早就放下了。当她看到徐志摩来接她时，就已经不在乎躯体的合葬了。

在那个世界，假如灵魂是自由的，她和徐志摩也真正地自由了。

陆小曼去世，邵洵美为她写诗："有酒亦有菜，今日早关门。夜半虚前席，新鬼多故人。"

是啊，新鬼多故人。出生时，迎接你的是父母、亲人；去世时，他们还在那里迎接你，等你"重生"。无须惆怅，亦无须难过。出生与死亡本就不绝对。出生后，就不断向通往死亡的路上行进；死后，谁说不是在向新生的路上迈进?

她走了，已不管身后事。活着的人，却一直不肯忘记她。

王映霞说："她确实是一代佳人。"

王亦令在《忆小曼》中说："凡是认识陆小曼的人，几乎异口同声称赞她宅心仁厚，待朋友热情、讲义气。"

也有人说："男人中有梅兰芳，女人中有陆小曼，都是人缘极好，只要见过其面的人，无不被其真诚相待所感动。她绝不虚情假意敷衍他人，而是出于一片赤子之心。"

陆小曼的好友赵清阁如此形容她："我与小曼结识五十余年，断续写过有关她的简介多篇，从做人作风，谈到她的文才艺术，有赞赏也有批评，我们是以诚相见、仁义相待的至交好友，因此成为莫逆知己。不像泛泛人海中有一种所谓'朋友'

的人，表面上和你亲亲热热，暗地里却极尽中伤陷害之能，恨不得置你于死地！”

陆小曼的老师贺天健评价她道：“天分很高，就是不用功。”

陆小曼的另一位老师刘海粟第一次见陆小曼时，就被她的风采惊艳到，大呼：“这位女士真配叫陆小曼！”有人问他，文艺界的才女有谁，他答：陆小曼。又问，文化人中的美人又是谁，他再答：陆小曼。再问，近代女作家和女画家，心高气傲又命途多舛者是谁，他还是答：陆小曼。

民国女子，能写会画，有名气，又命运多舛者太多，然而，只有陆小曼活出了独特的风采，使人难以忘怀。

她被世人捧起，又被世人唾弃；她被世人宠爱，又被世人抛弃。这样一位奇女子，只因轰轰烈烈地爱了一场，却为这场爱付出了半生的代价。

有人说，自己选择的路跪着也要走完。陆小曼选择的路，即使再痛，她也不肯屈膝，而是站着走完。纵然前路刀山火海，她都勇敢地走到了终点。

谁的一生从不犯错？但又有谁愿意为曾经犯下的错付出一生？她或许不完美，但她从不掩饰，也不虚伪。就因为她太真实，丝毫不在意外界的评议，所以留给人的口实太多，导致她去世后，仍不被世人原谅。

陆小曼爱唱戏。她在戏中扮演过诸多角色，如今，她总算扮演完陆小曼这个角色。当她褪下生命的华服，露出肉体凡胎，她终于回归自己。

她也无须浓墨重彩登场，无须有人捧场鼓掌，更无须面对散场后的寂寞空虚。

她站在高处笑，笑世人痴，笑世人不肯觉醒。红尘来去梦一场，何必执着爱，执着一个人的故事?

黄檗、李忱有诗云：“千岩万壑不辞劳，远看方知出处高。”“溪涧岂能留得住，终归大海作波涛。”

陆小曼一生风雨烟云，终于魂归安宁乡。

附录 陆小曼生平大事记

1903年

农历九月十九子时，生于上海市孔家弄，父亲陆定，母亲吴曼华。

1908年，5岁

就读上海幼稚园。

1909年，6岁

从上海迁居北京。

1910年，7岁

就读北京女子师范大学附属小学。

1912年，9岁

就读于北京女中。

1918年，15岁

入北京圣心学堂读书。

1920年，17岁

被北洋政府外交总长顾维钧聘用，担任兼职外交翻译。

1921年，18岁

开始闻名北京社交界。

1922年，19岁

离开圣心学堂，与王赓结婚。

1924年，21岁

结识徐志摩，并坠入爱河。
年底翻译意大利戏剧《海市蜃楼》。

1925年，22岁

8月，拜刘海粟为师学画。
年底与王赓离婚。

1926年，23岁

8月14日，陆小曼与徐志摩在北海公园订婚。
10月3日，陆小曼与徐志摩在北海公园举行婚礼，由胡适主持，梁启超证婚。

10月，陆小曼与徐志摩南下上海。

10月，陆小曼随徐志摩回乡结婚，并打算定居家乡硖石。

1927年，24岁

1月，因江浙战争起，移居上海。

几次搬迁后，定居上海福熙路四明村923号，并结识翁瑞午。

3月，与徐志摩回硖石扫墓，并与徐志摩、翁瑞午游西湖。

12月6日，陆小曼、徐志摩、翁瑞午共同演出《玉堂春》，后受《福尔摩斯小报》污蔑，夫妻感情受到伤害。

1928年，25岁

7月，与徐志摩合著的话剧《卞昆冈》，发表于《新月》杂志。

夏，与徐志摩、叶恭绰共游西湖。

1929年，26岁

参与中国女子书画会的成立筹备工作。

3月，接待泰戈尔。

6月，与翁瑞午等人参加“西游博览会”。

1930年，27岁

秋，为了摆脱上海的颓废生活，徐志摩应胡适之邀，去北平任教，夫妇二人开始两地分居。其间，徐志摩多次写信劝陆小曼去北平，陆小曼一直拒绝。

师从贺天健学画。

1931年，28岁

师从陈半丁学画，师从汪星伯学诗。
11月19日，徐志摩逝世。此后陆小曼着手编撰《徐志摩全集》。

1933年，30岁

整理徐志摩的《眉轩碎语》，并发表于《时代画报》第三卷第六期。
清明节独自回硖石老家为徐志摩扫墓。

1936年，33岁

加入中国女子书画会。

1938年，35岁

与翁瑞午同居。

1941年，38岁

在上海大新公司举办个人画展。

1946年，43岁

接受赵清阁和赵家璧的建议，开始戒烟、戒酒，专心写作。

1947年，44岁

接受戒毒治疗，随后去南京亲戚家休养，在此期间完成了小说《皇家饭店》。

1949年，46岁

绘画作品入选全国美术展。

1955年，52岁

画作再次入选全国美术展。

1956年，53岁

与好友王亦令合作，翻译外国文学作品，如《泰戈尔短篇小说集》《艾格妮丝·格雷》等，并与王亦令合作编写了通俗故事《西门豹治河》《河伯娶妇》等。
4月，受陈毅市长关怀，加入上海文史馆，成为馆员。入农工民主党，担任上海徐汇支部委员。

1957年，54岁

通俗故事《河伯娶妇》由上海文化出版社出版。

1958年，55岁

成为上海中国画院专职画师，并加入上海美术家协会。

1959年，56岁

任上海市人民政府参事室参事。被全国美协评为“三八”红旗手。

1965年，62岁

4月3日，在上海华东医院病逝。